कोरोना एक सुनामी

अच्युत प्रल्हाद कुलकर्णी

यह काव्य संग्रह उन सभी के लिए समर्पित है जो कोरोना के वजह से बहुत सारे कष्ट उठाने पड़े ।

क्रम-सूची

क्रम-सूची

क्रम-सूची

क्रम-सूची

प्रस्तावना

मैंने कोरोना काल के दौरान बहुत सारे समस्याएँ खुद सामना किया है। मैंने उन सभी लोगों के दुःख को अच्छी तरह समझता हूँ जो बहुत सारे कठिनायियों का सामना करना पड़ा। इनही चीजों पर आधारित सृष्टि के पूरे शतक के इस महामारी को वर्णन कराते हुये यह काव्य संग्रह है

1. सुनामी कोरोना की

सुनामी कोरोना की

.

रफ्तार से आगे बढ़ रही थी दुनिया
अचानक से रुक गई यह क्या होगया
चाँद सितारों मे घूमा करते थे सब
जमीन के धूल बन के रह गए अब

.

निसर्ग के आगे कुछ नही चलता
कोरोना की दस्तक कैसे रुक पाता
बढ़ता गया उसका रुद्ररूप
दिखता चला उसका पृथ्वी पर प्रकोप

.

खुली साँस, हवा अब कहाँ है
मुह पर मास्क ही अब जिंदगी है
किसीका मुह तक देखने को अब नसीब नही
गले लगाकर बात करने की तो बात ही नही

.

अब मुस्कान किसीका कहाँ नसीब होगा
दिल की धड़कन की महसूस कैसे होगा
बस जीवन अधूरा अधूरा सा हो गया
कोरोना हम सब पर भारी पड गया

.

सौ साल की जीवन मे हर पल है अनमोल
इन दो साल मे बर्बाद हर एक पल
जीवन तो रुक गया,आदमी का हर एक दिन
सपनों मे भी देता है कोरोना अपना पहचान

2. सबकुछ बदल गया

सबकुछ बदल गया

.

अपनापन तो सिर्फ अब घर मे मिलता है
बाहर के मित्र अब बहुत कम दिखते है
बस जीवन तो अब बेजान सा होगया
साँस लेना भी अब भारी पड गया

.

पढ़ना लिखना तो बच्चे अब भूल ही गए हैं
खेलना कूदना अब घर के बाहर कहाँ है
बचपन की मस्ती तो अब खो ही गई है
टीवी मोबाइल ही अब अपना जीवन बना है

.

सरकारी आफ़ीस भी अब खाली पड़े है
लॉक डाऊन के समय तो आफ़ीस भी बंद है
कुछ लोग तो इसको अच्छा भी मानते है
घर में ही अपना खुशियाँ ढूंढते हैं

.

खुशियाँ तो है अब भी, पर किसको दिखाए
अपनी तरक्की की खबर अब किसको सुनाए
फोन पर कुछ तो खुशियाँ बंट ही जाते हैं
मुह न दिखे तो भी क्या, धड़कने महसूस होते हैं

.

बड़े अपने बच्चों के भविष्य से चिंतित है
निसर्ग ने समझाया सिर्फ पढ़ना लिखना ही नही है
भविष्य तो अब भी बनेगा हर एक का
दुनिया आगे भी बढ़ेगा चिंता क्यूँ करने का

3. आदमी और समाज पर असर

आदमी और समाज पर असर

.

बूढ़े तो घर मे बैठे व्याकुल हैं
हर शाम सबसे मिलने से अब प्रतिबंध है
वैसे भी बूढ़ो का जीवन रुका रुका सा है
अब कोरोना ने उनके हर पल छीन ली है

.

कभी कभी लगता है कुछ पल के ही जीवन है
कोरोना ने उन पलो को भी नरक बनाया है
सांस तो अब भी लेते है, कहाँ रुका है
जीवन में आपनों का प्यार की सांस अब कहाँ मिलता है

.

आधुनिक युग में दूरियाँ वैसे भी ज्यादा है
कौन किसका क्या मतलब ऐसे जीया है
रिश्ते नाते तो कब के पतन पर थे
कोरोना के पहले भी डूबते नज़र आ रहे थे

.

लोग तो घरों मे पहले होते कहाँ थे
हर वक्थ पार्टी करने में मस्त थे
कुछ तो पल अब घर मे बंधे हुए हैं

अब तो समझ लेंगे अपनों के बीच ही खुशियाँ है
.

न बाप न माँ न बीवी या पति है
बच्चे अपने है यह भी भूल गए है
ऐसे में कोरोना ने अच्छा सबक सिखाया
आपनों से मिलता सुख को समझाया

4. आखिर निसर्ग के सामने हम कुछ नही

आखिर निसर्ग के सामने हम कुछ नही

.

आदमी तो गर्व से खुद को महान समझा
अपने से ही सब कुछ है ऐसे ही सोचा
एक ही पल में सब कुछ बदल सा गया
आदमी अपने औकात को समझने लगा

.

सृष्टि के आगे कुछ नही चलता यह सत्य है
उसकी बल की आगे किसीका कुछ नही चलता है
यह सच्चाई कितनी बार सृष्टि ने बतायी है
कोरोना के माध्यम से फिर से समझाई है

.

समझदार को इशारा ही काफी होता है
ना समझे तो सृष्टि ही सबक सिखाती है
अब तो अड़े नही रहना है अपनी भूल पर
सृष्टि के साथ चलनेवाला ही समझदार

.

गरीब की मजबूरी अब समझना है
लाक डाउन मे मजदूरी भी नही मिलता है
दो वक्थ की रोटी जो नसीब तो होता पहले

बच्चों को भूखे देखकर चीखते है भगवान सुन तो ले

.

गरीब का तो पहले भी कौन सुनता था
कुछ पैसे के लिए मारे मारे फिरता था
समय बदल गया अब अमीर भी परेशान
पैसे तो है पर घूमने फिरने से निर्बंधन

5. परेशान लड़के लड़कियां

परेशान लड़के लड़कियां

मास्क लगाने से अब सुंदरता पर भी प्रहार
अब किसके लिए सजे फिरना दिनभर
लड़के तो परेशान है मुसुकान से वंचित है
लड़कियां भी परेशान उनके हालत देख कर

आंखे तो दिखते है मास्क है तो क्या हुवा
अब भी उसमे जान है प्यार बरसते हुवा
आंखो से ही सुंदरता का पहचान अब होगया है
दिल की हर एक बात अब आंखों से ही कहना है

कालेज भी जाये तो सबसे दूरियाँ भी है
अपने मित्रों से ही दो गज की दूरी है
मास्क लगाकर टीचर आए हैं क्लास में
जो भी समझाये पता नही गया है या नहीं भेजे में

मूवी देखना बंद, होटल भी बंद
करे तो क्या करे अब सब चीजों के लिए निर्बंध
युवकों का जीवन तो मुश्किल मे आगया
मस्ती के जीवन पर रोक जैसे लग गया

दूर से ही क्या बाते चल रहे हैं समझते थे
उनके दिल की राज भी जान लेते थे
मास्क आने से दूरियाँ और बढ़ गए
दिल की बाते बहुत सारे अंदर ही रह गए

6. गंभीर असर

गंभीर असर

.

दो पल का जीवन तो वैसे भी अधूरा है
कोरोना की आने से अनमोल पल भी छीने है
अपने मन को अब बदलना है समय के साथ
किसी भी हालत मे आगे बढ़ाना है साथ साथ

.

भविष्य के सपने अब किसको आते हैं
कोरोना की मुट्ठी मे सब बंद होगाए हैं
जान बचाना भी कितना मुश्किल होगया है
कैसे भी करके इस पल को निकालना है

.

मन की भावनाएं भी रुके हुए हैं
कब करोना खतम होगा सोच के परेशान है
सब जानते तो हैं यह समय भी कट जाएगा
दिन महीने बीत गए पर समय कब आयेगा

.

इतना मजबूर तो आदमी कभी नही था
चार दीवार में ही अपना जीवन ऐसे नही था
आदमी अकेले रहना अब सीख लिया है
अपने आप से बाते करना जान लिया है

.

अब सरकार भी परेशान है कोरोना से
कैसे संभाले लोगों के जीवन ना गिरे पटरी से
सब चीजे बिगड़े हुए जैसे हैं
आगे की भविष्य भी अंधकार में ही है

7. लाक डाउन

लाक डाउन

मजबूरी में लॉक डाउन घोषित किया सरकार
समझ लिए की असल में तो कोरोना का ही चल रहा है
सरकार
सरकारी नौकर तो अब छुट्टीयों का मजा लेते हुए
कोरोना को हर दिन शुक्र गुजारते हुए

जब सरकार कोरोना का चल रहा है
तब सरकार मजबूरन हाथ ऊपर किया है
जैसे कोरोना ने चाहा वैसे मानना पड़ा
सरकारी नौकर तो अब घर को ही आफ़ीस बनाना पड़ा

कुछ तो ऐसे भी बोलते है
कोरोना से मौज मस्ती बढ़ गई है
जो आफ़ीस के बॉस से परेशान थे हर समय
दो तीन महीने निश्चिंतता का भाव पालिए इस समय

ना कोई जल्द उठने का तकलीफ है अब
ना कोई आफ़ीस फाइल की टेंशन है अब
खावों पीवों मस्त रहो कुछ दिन के लिए
ऊपर से तनखा भी पाते रहो हर महीने के लिए

कुछ ही समय में घर में भी बोर होते गए
आफ़ीस के मित्रों के साथ की गप्पे याद आते गए
बॉस से परेशान तो जरूर होते थे
फिर भी काम छोड़ के चाय पीने जरूर जाते थे

8. सुख दुःख की लहरें

सुख दुःख की लहरें

.

किसने कहा है की जीवन हमेशा सुख का नैया है
दुख तो हर वक्थ उसका हिस्सा है
कोरोना ने तो एक दो साल के लिए क्या परेशान किया
लोग हंसना भी भूल गए एक दो पल के लिए

.

कितनों का जीवन अचानक से खतम हो गए
कितनों ने अपने जान ही खो दिये
अपने जान की कीमत अब पता चल रहा है
मौत का साया हमेशा सर पर मंडरा रहा है

.

जो अच्छे खासे थे अचानक से खाँसने लग गए
जो घर मे निश्चिंत थे अस्पताल में भर्ती होगए
अचानक से भय का मोहोल घर मे छा गया
एक दूसरे की आंखों में सिर्फ निराशा ही दिख गया

.

लाखों का बिल भरते अस्पताल में लोग दिखने लगे
कईयों तो कर्ज में भी डूबने लगे
जान है तो जहान है ऐसे ही सोचते हैं
बचने के लिए और नए कर्ज कर भी लेते हैं

.

सृष्टि तो सुंदर है बिलकुल सच बात है
पर कोरोना के भयानक रूप सबने जाना है
हमेशा सृष्टि तो सुंदर रूप का परिचय दिया
पर आज तो इतना भयानक रूप पता नही क्यूँ दिखाया

9. भगवान से प्रार्थना

भगवान से प्रार्थना

.

लोग अब प्रार्थना करने मंदिर भी नही जा पाते
कोरोना की पाबंदी से घर से ही प्रार्थना करते
मंदिर तो बंद पड गए और भगवान भी चुप सा है
लोगों की श्रद्धा और विश्वास पर सवाल खड़े होगाए है

.

सब हैरान है भगवान क्यूँ चुप है
लोगों की वेदना उनतक पहुँचती क्यूँ नही है
भगवान आज तक कभी बोलते हुए क्या दिखा है
फिर भी हमारे प्रार्थनाएँ जरूर वो सुनते है

.

हम यह भूल गए की हम भी निसर्ग के ही है
अपने को अलग करके हमेशा जीते आए हैं
सबको जोड़ना भगवान की मन में होगा
इस लिए कोरोना का भूत हम पर छोड़ा होगा

.

कितने समय और कोरोना रहेगा पता नही है
टीकाकरण से जरूर कुछ तो फायदा हुवा है
जीने की आशा तो फिर से जग गई है
कोरोना से मुक्ति भविष्य मे मिलना भी निश्चित है

.

भविष्य तो अब भी काफी दूर है
हर दिन हर पल खोते ही जा रहे हैं
उस पल का इंतजार सबको है
जिस दिन सब का हँसी सब ओर दिखनेवाला है

10. बीवियाँ तो खुश है

बीवियाँ तो खुश है
.

दुःख तो है पर कुछ तो खुश भी होंगे
घर मे पति से सेवा लेते महिला भी होंगे
उनको लगता है कितना अच्छा यह कोरोना
बैठे बैठे पति के हाथो से मिलता है खाना
.

सच तो यह भी है औरत ही घर क्यूँ संभाले
खाना पीना हर एक का खयाल वो ही क्यूँ ले
पति को भी घर संभालाना पड़ेगा
लाक डाउन में खाना भी बनाना पड़ेगा
.

अब पुरुष भी समझेंगे घर गृहस्ति क्या है
बच्चों का रोना धोना कैसे संभालना है
सुबह सुबह टिफिन प्याक कराते महिलाएं थक गए थे
पतिदेव से सेवा लेने का मौका ढूंढ रहे थे
.

जीवन पूरा इनका रसोईं मे गुजर गया
अपने अस्तिव का पहचान भी कंही तो खोगया
महिला अपनी जीवन हमेशा त्याग में बिताई
कब पुरुष को इन सारे चीजों का अकल आएगी
.

कोरोना से कुछ तो बदलाव आएगा
पति अपने पत्नी के भावनाए समझेगा
तभी सुंदर परिवार जरूर उभर आयेगा
खिलता बच्चों का आँगन घर परिवार दिखेगा

11. शराबी की जिंदगी

शराबी की जिंदगी

.

कितना परिवर्तन कोरोना प्रथ्वी पर ले आया
हर एक व्यक्ति में जरूर बदलाव लाया
जो शराब पीता था पहले दिनभर
वह भी घर मे मस्त है शराब के बगैर

.

आदते सुधारने का मौका मिला है अब
शराब से मुक्ति हर एक को मिल सकती है अब
पर जब सरकार भी नशे में चूर है
पाबंदियाँ लाने से उनका भी इनकार है

.

जो नशे के दुन्ध मे उठता था सुबह
जो मित्रो के साथ पार्टी करता था बेवजह
वह भी अब घर संसार की नशे में मस्त है
लाकड़ौन से घर परिवार मे व्यस्त है

.

शराबी भी सोचता होगा आखिर कबतक
क्या शराब में डूबे रहना है जीवन की आखिरि तक
कोई तो है जो अपने मे सुधार लाया है
कोरोना के वजह से जीवन पटरी पर आया है

.

महिलाए सच में कोरोना को देंगे धन्यवाद
जिनके पति रात को घर आकर करता था संवाद
जो सालों से डांटते हुये भी पति में ना देखी सुधार
एक पल मे कोरोना ने बचाया परिवार

.

कुछ अच्छा हो रहा था वो भी खत्म होगए
सरकार ने शराब से पाबंदी हटाए
चलो कुछ लोग तो सुधरे शराब से मुक्ति पाकर
बाकी तो फिर से लौटे दुकान पर लाइन लगा कर

.

जिसमे सरकार का खजाना भरता है
जिससे सरकार की खर्च चलते हैं
उसको क्यूँ रोकेंगे सरकार
क्यूँ सोचेंगे बरबादी जो होगा कितनों के घर पर

.

ऐसे ही सिगरेट भी एक चीज है
जो समाज के लिए कंटक है
पर क्यूँ रोकेगा सरकार इसे बेचने से
मरे तो मरे लोग क्यांसर से

.

घर उजड़े, बरबाद होगाए
हर एक परिवार मे भूकंप आगया
टूटे कई परिवार उजड़े जिंदगियाँ
पर सरकार ने कुछ नही किया

.

बच्चों के आँसू खतम होगाए
बीवियाँ रो रोकर थक गए

समाज को इससे कितना बुरा असर पड़ता है
ऐसे समाज तो अंधेरे मे चला जाता है

• 23 •

अच्युत प्रल्हाद कुलकर्णी

समाज को इससे कितना बुरा असर पड़ता है
ऐसे समाज तो अंधेरे मे चला जाता है

12. कुछ अच्छे बदलाव

कुछ अच्छे बदलाव

.

सृष्टि का नियम कौन तोड़ेगा
कोरोना का प्रकोप कैसे सहेगा
इसलिए घर मे बंद है हर परिवार
उसी में पाया है अपनी खुशियाँ और प्यार

.

आखिर लाइन में लगने की आदत आया कोरोना से
नही तो कूद पड़ते थे हर जगह अपने बल से
दो गज की दूरी मास्क है जरूरी
व्यवस्था का पालन सब की मजबूरी

.

अपनी समाज में बल प्रयोग से काम है
साथ मे हर जगह पैसे का भी ऋतुबा है
अमीर गरीब अब सब लाइन में है
समाज से कोरोना ने भेदभाव हटाया है

.

समाज में भेद भाव तो सदियों से है
कंही जाती के कारण, कंही अमीरी गरीब के कारण है
निसर्ग तो नही चाहा था यह भेदभाव
हमेशा यही चाहा था रहे सदभाव

.

जब मरण आता है तो समझ आता है
क्या अमीरी क्या गरीबी दिखता है
मृत्यु की शय्या में तो सब एक जैसे
निसर्ग तो भेद भाव नही करता किसीसे

.

अपने आसपास में जब लोग मृत्यु देखे हैं
जीवन की अस्थिरता जान लिए हैं
कोई नही बड़ा कोई नही छोटा है
मृत्यु के आलिंगन सबके लिए एक जैसा है

.

फालतू पार्टियां तो होटल में कितने चलते थे
बेमतलब की खर्चे का तो हद ही नही थे
सब पे रोक अब कोरोना से लग गया
परिवार में ही खुशियाँ ढूँढना शुरू कर दिया

.

लोग खुशियाँ पहले बाहर ढूंढते थे
अब परिवार के अंदर ढूंढते हैं
यह बदलाव कोई चमत्कार से कम नही
कोरोना के कारण परिवार में जीवन मिली नई

13. भटकते लोग

भटकते लोग

.

खाना पीना सबके लिए है जरूरी
किराने की दुकान पर लाइन लगाना सबका मजबूरी
कुछ लोग तो ऑनलाइन में सामान बुक किए
बाकी तो सामान के लिए भटकते रहगए

.

लाक डाउन ऐसे थोड़ी ही होता है
सामान के लिए भटकना भी पड़ता है
कुछ सब्जी के लिए, कुछ पेट्रोल के लिए
बहुत से लोग तो शराब की बोतल के लिए

.

पुलिस के डंडे भी चले कईयों पर
बेवजह डंडे बरसे लोगों पर
आखिर पेट खाली है खाना जरूरी है
बाहर नही निकले तो भूखे पेट सोना है

.

जब कोई बीमार है बाहर जाना भी मुश्कील
कैसे बीमारी संभाले पडगया मुश्किल
और भी गंभीर बीमारियाँ तो थे लोगों को
पर निकलना मना था घर से किसीको

.

लोग भटकते रहगए कुछ नही मिला
कुछ लोगों को ज्यादा पैसे देते हुए राहत मिला
पर यह तो हर दिन की समस्या बनी हुई थी
एक एक पल भी सबके लिए भारी पड गई थी

14. दुकानदार भी परेशान

दुकानदार भी परेशान

.

लाक डाउन में दुकान भी बंद ही रह गए
दुकानदार भी परेशान बने रह गए
बड़े दुकानों का तो फिर भी ठीक था
छोटे दुकान वाले तो नुकसान कैसे सहता

.

दुकान बंद रखके घर कैसे चलेगा
छोटे दुकानदार क्या रोते ही रहेगा
दो वक्थ की रोटी उसीसे मिलती थी
कोरोना ने आखिर उसको भी छीन ली थी

.

सरकारी नौकर तो तनखा पाता ही रहता है
महीने का बंदोबस्त होता ही रहता है
आखिर परेशानी तो इनही लोगों को है
जिनका हरदिन के कमाई से पेट चलता है

.

सुबह से दुकान खोल के रखे हैं
प्रवेशद्वार पर ग्राहक का इंतजार है
शाम होगया लेकिन ग्राहक ही नही
कैसे आफत आगया जब जीवन आगे बढ़ता ही नही

.

कितने कपडो के दुकान भी खाली खाली थे
जेब खाली है तो कैसे आ पाते
दुकान भी है माल भी है
पर खरीदनेवाला तो लगभग शून्य है

कितने कपडो के दुकान भी खाली खाली थे
जेब खाली है तो कैसे आ पाते
दुकान भी है माल भी है
पर खरीदनेवाला तो लगभग शून्य है

15. कोरोना रोगी के संकट

कोरोना रोगी के संकट

.

ऐसे में करोना ने कितने घरों को उजाड़ा
घर परिवार को जड़ से प्रताड़ा
जब ऐसे में बीमार आदमी का खर्चा कैसे होगा
लाखों का खर्चा आदमी कैसे संभालेगा

.

ऐसे कितनों ने जान गंवाई अपना
पैसे ना होने के वजह से मौत गले लगाए अपना
सदियों से यही तो होता आया है
गरीब तो जीवन मे हमेशा नरक ही देखा है

.

सच मे लगता तो है सृष्टि कठोर है
निर्बल बेसहारे को अपमानित किया है
अमीर तो पैसे देकर जान बचाए
गरीब तो मरजाने की दुर्दशा देखते रह गए

.

आदमी निर्बल होना एक शाप है
गरीब बनके रहे तो जीवन अभिशाप है
सृष्टि का तो एक ही नियम है
जो फिट है वही दुनिया मे जीता है

अस्पताल मे बेड नही है खाली
ज्यादा पैसे देकर कुछ लोगों ने हल निकाली
अस्पताल के बाहर ही कितनों ने दम तोड़ दिये
ऑक्सीज़न सिलिन्डर ना मिलने से जान भी गँवाए

16. डाक्टर भी परेशान

डाक्टर भी परेशान

.

अपने को फिट रखनेवाला डाक्टर भी परेशान है
मुह पर मास्क लगाकर दिनभर घूमना है
कोरोना के रोगी उनके इर्द गिर्द ही है
डर अंदर है फिर भी ज़िम्मेदारी है

.

रोगी के सांस फूल रहा है वार्ड में
ड्यूटी निभाते निभाते डॉक्टर भी पेशानी में
देश के लिए लड़ना है, सबको बचाना है
कोरोना वारियर बनके अपना योगदान देना है

.

रोगी को ठीक करते करते कुछ डॉक्टर मर भी गए
देश की संरक्षण में अपना बलिदान देदिए
देश संरक्षण के लिए बार्डर पर तैनात योद्धा जैसे
लड़ना है कोरोना से एक युद्ध जैसे

.

डाक्टर सच मे भगवान का रूप है
कोरोना ने इस बात को दर्शाया है
कोरोना के लिए दिनरात लड़ रहे हैं
अपने परिवार के साथ का समय भी त्याग रहे हैं

.

कोरोना किट पहनके वार्ड में घूमना
रोगी को देख रहे हैं पर अंदर से परेशान होना
जब कोरोना किट निकला तो जान में जान आगई
कितनों को रात के नींद तक नसीब नही हुई

17. तीसरी लहर, कोरोना से बेअसर

तीसरी लहर, कोरोना से बेअसर

.

व्याक्सीन सबके लिए वरदान बनके आया
तीसरी लहर में इसका महत्व समझ आया
कोरोना अभी भी है पर घातक नही है
व्याक्सीन के कारण ही यह संभव हुवा है

.

कोरोना तो अब सर्दी ख़ासी जैसे बनगया
अपना डरावना रूप उसने खोदिया
देश भी चल रहा है अब बगैर लाकडौन के
हर आदमी के जीवन भी बगैर रुक के

.

अब तो लग रहा है कोरोना हार गया
निसर्ग का चमत्कार से शक्तिहीन होगया
निसर्ग ने ही उसको रुद्र रूप दिया था
अब एक मामूली सी सरदी ख़ासी बनगाया था

.

सुनामी का प्रकोप अब शांत हो जाएगा
कोरोना का नामो निशान भी मिट जाएगा
एक दो साल में फिर ऐसे समय भी आएगा

कोरोना मात्र एक इतिहास बन जाएगा

.

हर दुष्ट शक्ति का अंत तो होना है
खैर कोरोना भी निसर्ग का ही एक सृष्टि है
निसार्ग को सम्मान करना है और उसके सृष्टि को भी
जैसे समय आयेगा लाना है अपने में बदलाव भी

18. देश अब भी मजबूत और हर समय भी

देश अब भी मजबूत और हर समय भी

भारत ने खुद व्याक्सीन तैयार किया
ऐसे प्रगति पहले कभी नही भारत ने हासिल किया
ऐसे आत्मनिर्भरता देश के लिए गर्व की बात है
किसी भी हालत में लड़ने का स्फूर्ति मिलती है

देश बदल गया है लोग बदल गए है
अब की भारत ज्याद मजबूत दिख रहा है
कोरोना की गरजती आवाज़ को चुप कराए
देश को नए सपनों के साथ सबने आगे बढ़ाए

अपने साथ साथ दूसरे देश को सहायता
यही भारत का रहा हमेशा महानता
विश्व में भारत की आदर और बढ़ा है
विश्वगुरु बनाना भी अब दूर नही है

कितने भी संकट आए सब संभाल गए
हर एक बार और मजबूती से आगे आए
भारत तो हर समय अटल रहते आया

भविष्य में भी अटल रहेगा यही दिखाया

.

व्याक्सीन भी अपनी, टेस्टिंग किट भी अपनी
हर एक प्रकार की समस्या का हल भी अपनी
इतना विश्वास अब डाक्टर भी पालिए
नई खोज जरूरत पड़ने पर करने का विश्वास भी दिखलाए

19. धार्मिक भावनाएं

धार्मिक भावनाएं

.

सच्चे धर्म अंत मे मानव धर्म ही है
कोरोना ने सब के मंदिर गुरुद्वारे बंद किया है
कोरोना ने संदेश जरूर ले आया फिर से
सभी एक साथ लड़ेंगे हर परिस्थिति से

.

मंदिर की प्रार्थनाए अब घर मे सिमट गए
कोरोना के कारण लोग धार्मिक स्थल से दूर हो गए
मंदिर न जाने से लाखो दुखित है
घर में ही भगवान से नाता जोड़ा है

.

जीवन की रफ्तार को एकदम धीमा किया
मानव को विचित्र धुविधा मे ले आया
मानव ने जीवन मौल्य को फिर से उजागार किया
जाती मत धर्म को पीछे छोड़ दिया

.

शादियाँ तो कितने सरल रूप से होते आए
धार्मिक विधियों को फिर भी चलाए
कम लोग थे मास्क भी पहने थे
नए जीवन की सपने नवविवाहितों को देने भी थे

.

अनगिनत धार्मिक समारंभ रुकते गए
लोग दिल में दुःखी तो थे पर मजबूर भी हुए
आखिर भगवान हर चीज मुस्कुराके सहता है
प्रार्थनाए लोगों का घर से भी स्वीकारता है

20. कोरोना से सबक

कोरोना से सबक

.

कोरोना ने जीवन में नया मोड लाया
कठिन स्थिती मे कैसे जीना यह सिखाया
हर स्थिति में जीना जीवन का लक्ष्य है
कभी नहीं हार मानना यह कोरोना संदेश है

.

कुछ समय के लिए कोरोना ने सबक दिया है
सबको इसीका पाठ भविष्य मे भी लेना है
कोरोना तो खत्म होजाएगा एक न एक दिन
पर जीवन मूल्यों को जिंदा रखना है हर एक दिन

.

हर दिन फिर से आम दिन जैसे होंगे
लोग मस्ती में फिर से रहना करेंगे
सिनेमा, होटल, पार्टी फिर जीवन का हिस्सा होगा
मोबाइल टीवी कंप्यूटर सब के लिए अनिवार्य रहेगा

.

वो दिन दूर नहीं जब सब भुला जाएगा
जो कोरोना ने सिखाया सब छुट जाएगा
यही तो सदियों से होते आया है
मानव का यह दौर्भाग्य नहीं तो और क्या है

.

दौर्भाग्य तो अमीरी गरीबी का था
दौर्भाग्य तो धर्म में मतभेद का था
वही दौर्भाग्य फिर से लौट आएगा
कोरोना से सीखा सच हमेशा के लिए मिट जाएगा

.

धरती पर दुष्ट तत्व हमेशा राज किए
कोरोना से उन तत्वों पर हम भी उजागर हुए
पर कौन मानेगा जो मानव अधिकार के तत्व है
दुष्ट तत्व तो यही चाहेंगे चले उसका जिस के पास बल है

.

मौत को पास से देखकर कुछ तो सीखना था
जीवन में सब मिलके रहना जीवन उद्देश था
चार दिन के जीवन स्वार्थ पर क्यूँ जीना है
बेसहारा मजबूर लोगों को भी अपनाना है

.

सृष्टि तो भेदभाव कभी नही करता
आदमी क्यूँ भेदभाव को दिमाक में भरता जाता
छोड़ दो ऐसे व्यवस्थायेँ जिससे नुकसान है
सब के साथ रहने में ही अपना भला है

.

सबक तो और भी है सब जान लिए
परिवार मे सुख है सब ने मान लिए
बाहर की दुनियाँ में खुशियाँ समझदार नही तलाशते
परिवार की मुसुकान में अपने को जीवित पाते

.

शिक्षा में सुधार अवश्य लाना है
बच्चों का बचपन कभी नहीं छीनना है

किताबी कीड़ा से अच्छा बाहरी दुनियाँ है
खुला आसमान के नीचे सच में जीवन है

.

आत्मनिर्भरता का सबका मजदूर भाई पालिए
अपने को बेसहारे लाचार होने को बचाना कैसे जानलिए
भविष्य में अपना भविष्य खुद सुनिश्चित करना होगा
हर एक परिस्थिति में जीने की क्षमता पाना होगा

21. झाड़ बरतन करते बाइयाँ

झाड़ू बरतन करते बाइयाँ

.

कुछ पैसों के लिए झाड़ू बरतन करते बाइयाँ
उनका जीवन के भी हजारों कहानियाँ
बेबस है मजबूरी है काम करते हैं
कुछ पैसों के लिए दिनरात मेहनत करते हैं

.

काम तो वो लोग खूब करते थे
लाक डाउन मे यह सबको समझ में आए थे
जो चीज समझा है उसको मत नकारो
गरीब को चार पैसे ज्यादा देकार अपना गलती सुधारो

.

वैसे तो लोगों को आलसी जीवन पसंद है
काम करनेवाले बाई है तो कुछ करना भी नहीं है
घर की महिलायेँ भी वजन बढ़ा रहे थे तब
लाकडौन में काम करते करते वजन घटा रहे हैं अब

.

संक्रमण के डर से बाइयों को छुड़वा दिए
खुद काम करने मे मजबूर होगाए
कुछ दिन तो बहुत तकलीफ जरूर हुवा

धीरे धीरे अपने जीवन में श्रम का सुख पाना भी शुरू हुवा

काम का महत्व सब समझने लगे
मेहनत से आरोग्य भी बना रहता है जानने लगे
अपने खुद के सेहत को भी खराब करादिए थे अबतक
अब जानलिए स्वस्थ रहने का क्या है सुख

22. जीवन मूल्यों की अहसास

जीवन मूल्यों की अहसास
.

सुख तो श्रम में है आलस में नहीं
खाने की मजा भूख मे है डेड फूड मे नहीं
असल जीवन की मजा अब मिलने लगा
इधर उधर घूमने के बजाय अब घर मे रहने लगा
.

भौतिक सुख के पीछे दुनियाँ दौड़ता है
दुनियाँ की चीजों से अपने को जोड़ता है
सच्चे सुख तो मन के अंदर ही है
अपने अपनों के साथ आनंद से जीने में ही है
.

विपरीत स्थितीयों मे जीवन मौल्य समझ आते हैं
जीवन में सही दिशा पाने लगते हैं
हर दुरान्त दुनियाँ में यही सबक लाया है
हर एक के जीवन में सच में बदलाव लाया है
.

कोरोना भी अब तक यही करते आया है
समय के साथ साथ अपना स्वरूप बदला है
जो पहले था वो अब डेल्टा ,ओमिक्रोन है

हर बार बदलते हुए अपने शक्ति दिखाया है
.

नए जीवन स्वरूप को अपनाना है
बदलते जीवन पद्धति को समझना है
किसमें जीवन आदर्श छुपा है
जानना है किसमें जीवन सार्थकता है

23. जिंदगी एक सफर

जिंदगी एक सफर

.

अपनी शक्ति के बल पर कोरोना हँसता रहा
सफर में जो मजा मिलता था सब से लूटता रहा
जो कितने पिकनिक टूर करके मस्त हुवा करते थे
अपने मस्ती के पल अब सब खो चुके थे

.

दो साल होगाए अब कौन सफर पर है
कौन पिकनिक टूर करके मस्ती में है
सब लुट गए अपनों के साथ की मधुर क्षण भी
खुली हवा में सांस लेने का मानव हक भी

.

जीवन सफर में तो सफर का मजा बंद
कोरोना के कारण घूमने का मजा बंद
कोरोना ने लूटा दो साल का सुन्दर जीवन
साथ मे लूटा परिवार का मधुर क्षण

.

ना सर्दियों में घूमना है अब
ना बारीश में पिकनिक करते भीगना है अब
जिन हरी पहाड़ों में सुन्दर क्षण थे
कोरोना के कारण घर के चार दीवारों में बंद होगाए थे

.

शादी के बाद हनीमून अब कहाँ है
घर के अंदर ही जीवन के नए प्यार है
कोरोना ने नव जोड़ी को और करीब लाया
बगैर पैसे खर्च किए घर में ही अपना प्यार पालिए

24. स्वतंत्र जीवन

स्वतंत्र जीवन

.

खुली सांस का मतलब अब समझ में आगया
दुनियाँ मे स्वतंत्र रूप से रहना जब कोरोना ने लूट लिया
निसर्ग ने दिया था सबकुछ आनंद के लिए
कोरोना ने आकर छीन लिया हर एक के लिए

.

सबको फरक पडा सबको सहन करना पड़ा
न चाहते हुये भी जीवन बदलना पड़ा
कुछ उसमे अच्छे भी थे और कुछ बुरे भी थे
पर अंत में सब अच्छा होने का उम्मीद भी थे

.

जब जीवन रुक जाता है एक जगह पर
स्वेच्छा से जी नही पाता है बाहर निकल कर
तब समझ आता है हम कितने स्वतंत्र थे
अब कोरोना के कारण कितने बंधे हुए थे

.

सबकुछ सह पाते हैं पर अपनी स्वतन्त्रता चाहिए
हर जगह घूमने फिरने की आजादी चाहिए
कोरोना ने पहली प्रहार में तो वही किया
सबको बंधक बनाकर लाकडौन के दौरान घर में बिठाया

.

यही स्वतन्त्रता अब बच्चों को भी देना है
पढ़ाई, किताब के वजन से मुक्त कराना है
जब स्वतंत्र होंगे विकसित भी होंगे
नए सपनें नए राहें खुल भी जाएँगे

25. मजदूर की मजबूरी

मजदूर की मजबूरी

.

जब मजदूर घर के लिए निकले दिल दहलानेवाला था
हजारो किलोमेटर चलते गए दिल सच मे रो लिया था
चलते रहे कुछ मरते रहे पर कौन रुका
जब मजदूरी नही मिलती तो घर लौटना ही था

.

उनका भी अजीब कहानी
घर परिवार छोड़के शहर आए मजदूर की कहानी
कुछ कमाने आए बेचारे दूरदेश
कोरोना से फस गएं आकर परदेस

.

आंखो में कुछ सपने थे
बच्चे बीवी के खुशियाँ थे
आए दूर परदेस पैसे कमाने
कोरोना ने उनको ले आया राह अंजाने

.

लाकडौन में मजदूर बेसहारा हुएं
पर कोई भी उन्हे पूछने नही आएं
जब भरोसा ही टूट गया कमाई पर
रहेंगे क्यूँ दूरदेस में अनजान बनकर

.

गरीब के साथ ऐसे पहले भी हुवा है
अमीर तो आंखे बंद ही कर दी है
सरकार भी बेबस कुछ नही कर पाया
गरीब की असहायकता का मज़ाक उड़ाया

.

गरीब के सपनें वैसे भी छोटे हैं
परिवार के मुसुकान में ही वह खुश है
वो भी छीन लिया इस कोरोना ने
हमने छोड़ दिए गरीब को तड़पने

.

आँसू लेकर वो घर चला गया
निराशा की आंखो में आसमान खाली दिख गया
एक ही उम्मीद अब जो उसको थी दिनरात में
लाकड़ौन खुलेगा तो फूल खिलेंगे जीवन में

.

जीवन तो स्तब्द था कितनों का
कोरोना की मुट्ठी में बंद रहा आशाएं जीवन का
सृष्टि कठोर है पर निर्दयी नहीं
एक न एक दिन लाएगी जीवन नई

.

अस्थिर जीवन में गरीब अब संकट में
अनारोग्य से अमीर भी भय में
सृष्टि किसीको नहीं छोड़ि निश्चिंत रहने को
कोरोना ने मजबूर किया हर एक को तड़पने को

.

हजारों किलोमीटर चलना मुश्किल काम था
थकते थे रुकते थे पर घर जाना ही था

भूखे ही सही पर गाँव पहुंचना था
आखिर अपने परिवार को एक बार देखना था

.

शायद जीवन सफर भी इतना लंबा नही दिखे
जितना मजदूर पैदल चलके आते हुए देखे
हर पल जीवन का बोझ बनगया था
साँसे भी गिनने जैसे महसूस हो रहा था

26. मास्क और स्यानिटाइजर

मास्क और स्यानिटाइजर

.

मास्क और सनीटाइजर देगा संरक्षण
कोरोना से देगा सबको रक्षण
पर कौन नियम का पालन करता है यंहा
सब अपने स्वार्थ मे जीते हैं यहाँ

.

नेतागण नहीं पहने मास्क घूमते रहे
अपने पैसे के बल से कोरोना से नहीं डरते रहे
उनको भी कोरोना ने सबक सिखाया
पैसे हैं पर जान नंही बच पाया

.

कितने नेता मरगए कोरोना से
फिर भी अकल आयेगा कहाँ से
अपने साथ साथ कईयों को फैलाए
कोरोना का हाहाकार को और बढ़ाए

.

अपने पर कुछ लोगों को ज्यादा ही भरोसा था
कोरोना कुछ नही करेगा ऐसे सोचा था
आखिर में उनको भी हार मानना पड़ा

कोरोना से मरते हुए सबक भारी पडा

.

मास्क और सनीटाइजर अब जीवन का अंग है
अपने दैनिक जीवन का अनिवार्य भी है
आखिर सांस ही को पकड़ा है कोरोना ने
अब सांस पर फिल्टर लाया मास्क ने

27. भीड़ से दूर

भीड़ से दूर

.

भीड़ को अकल नही होती है
यह जमाने से लोगों को पता है
भीड़ मे मास्क का क्या है काम
भीड़ ने नहीं जाना बरबादी का गम

.

कभी नहीं ये भूलना है भीड़ के साथ नहीं जाना
भीड़ से कभी दोस्ती भी नहीं करना
आप भी भीड़ के जपेट में आजावोगे
अपने अकल को पूरी तरह खो बैठोगे

.

भीड़ अंधा भी होता और गूंगा भी
साथ में अकल तो बेचा हुवा भी
आपको भी अपने सुध बुध खो बैठना है
जो भीड़ करेगा वही करना है

.

समाज के कई नियम भी भीड़ के साथ ही
इसलिए उस समाज का उद्धार नही भी
जो सही मूल्यों को नही जान पाएगा
वही मतिहीन भीड़ के साथ देता रहेगा

सबको अपना अस्तित्व पहचानना है
सही गलत का अहसास पाना है
यूं ही जीवन गुजर जाएगा अपने अस्तित्व के बगैर
जीवन खोता जायेगा अपना जीवन सार

.

कुछ महान नेता इस धरती पर जनम लिए
अपने सोच से भीड़ को परिवर्तित किए
वही समाज सुधर गया ऐसे नेतावों से
वही देश प्रगति पाया जब व्यक्ति हट गया भीड़ से

.

यही भीड़ आज के कोरोना को जीतने दिया
अपने गलत हरकतों से उसको बढ़ने दिया
मास्क भी नही पहने सब जगह घूमते रहे
कोरोना के तांडव को ऐसे ही बढ़ाते रहे

.

सिनेमा थेटर बंद होगाए कोरोना के रोकथाम के लिए
शादियां सीमित संख्यां में हुए कम खर्च करते हुए
भीड़ को रोकना बहुत जरूरी था
सरकार की यह ज़िम्मेदारी भी थी

28. पुलिस की ज़िम्मेदारी

पुलिस की ज़िम्मेदारी

.

आखिर पुलिस भी क्या करेंगे
समाज को कैसे नियम सिखाएँगे
जब समाज ही पूरी दिशा खोई है
पुलिस के बातों को मानने से इंकार की है

.

कितनों पर लाठी बरसे फिर भी न माने
कितनों को जेल में डाले तब भी न माने
नियम का पालन सबको करना रहता है
पुलिस की नजर कहाँ कहाँ पहुँच पाती है

.

खैर ऐसे लोगो के वजह से फायदा भी है
हर्ड ईम्यूनिटी सब जगह इसी वजह से मिली है
आखिर सृष्टि में हर चीज का फायदा है
भीड़ के गलतियों के परिणाम अच्छा हुवा

.

आखिर देश की रक्षा में पोलिस भी भागीदार
हम नही भूल पाएंगे उनके यह उपकार
लाकडौन के समय उनके देशभक्ति दिख गई
उनके देशभक्ति के गानें हर कान तक पहुँच गए

.

लोगों को समझाए प्यार से भी
गरीबों को बचाए मास्क देकर भी
ऐसे पुलिस समाज के लिए एक आदर्श बने
कोरोना को भगाने में मजबूत दीवार बने

.

कुछ शहीद भी हुए लड़ते लड़ते
यह हम कैसे भुलापाते
देश के ऐसे बहादूर सिपाही को प्रणाम
देश के इतिहास में अमर उनका नाम

.

वरना नाम कमाने के लिए लोग तत्पर हैं
कुछ न करते हुए ढ़ोल पीटते रहते हैं
ऐसे लोग तो समाज के लिए कंटक बने हैं
इन्ही लोगों के वजह से देश अहित है

.

नाम कमाने के लिए कई नेता आगे
कई फिल्म स्टार और सेलेब्रिटी भी आगे
ऐसे बहुत से लोग जिनसे कुछ मिलता नहीं
जीवन भर लोगों को लूटने से ये थकते नहीं

.

हम भी दुर्भाग्यवश इनको पूजते हैं
अपने मनमंदीर मे इनको बिठाते हैं
इन लोगों को सिर्फ अपने स्वार्थ से मतलब है
समाज की सेवा की चिंता इनको क्यूँ पड़ी है

29. कोरोना वारियर

कोरोना वारियर
.

असल के समाज सेवी भी अनगिनत है
सेवा मे लगे हैं पर उनका पहचान नही है
सेवा करते करते जान भी खो देते हैं
पर अफसोस किसी के नजर में भी नही आते हैं
.

कोरोना वारियर बनके ऐसे ही लोग खड़े थे
पोलिस समाज की रक्षा मे दिनरात तैनात थे
जान भी खोलिए परिवार भी अनाथ हुवें
पर उनके पहचान समाज में कभी नहीं हुवा
.

डाक्टर भी ऐसे सेवा हमेशा देते रहें
कोरोना से लड़ते लड़ते खुद बीमार हुएं
कितने डाक्टर मर भी गए परिवार भी अनाथ हुए
समाज में नाम नहीं मिला पर काम करते रहें
.

दूध बांटनेवाले लोग भी ऐसे थे
हर दिन कोरोना से न डरते हुये दूध बांटते थे
वरना दूध के बगैर चाय काफी नहीं
लोगों को आराम से सुबह की शुरुवात नहीं
.

लेकिन इनको कौन पूछता है
लोग तो कुछ और भी समझते है
यह तो इनका ड्यूटी है काम करना
आखिर इनको तनखा किस काम के लिए मिलना

.

समाज में इनका आदर तो बढ़ा सकते है
कम से कम इनको मन में धन्यवाद तो दे सकते हैं
यह भी कहाँ है समाज तो कृतघ्न है
अपने मतलब की समाज से कुछ नहीं मिलना है

.

नेतावों का गुणगान तो खूब होता है
क्या किए नही किए सबको पता है
क्यूँ की उनके पास पैसा है पावर है
हर एक आदमी इनके दीवाने है

.

सच्चे कर्मयोद्धावों से देश का नाम है
इनका बलिदान देश का गौरव है
इनको देशभक्ति के अलावा कुछ सूजा नहीं
परिवार सुख का भी इनको परवाह नहीं

.

आगे और वीरपुत्र जनम लेंगे इस देश में
आगे और बलिदान होंगे देश को बचाने में
इनका आदर करना अपना फर्ज़ है अब
देश की कुर्बानी व्यर्थ नहीं होने देंगे अब

30. कोरोना से मुक्ति

कोरोना से मुक्ति

आखिर उस दिन का इंतजार सबको था
कोरोना से दूर मुक्त अपने समाज को देखना था
आगया वह दिन कोरोना प्रकोप खतम होने के बाद
राहत की सांस दिये सबको कितने कठिनायियों के बाद

स्कूल खुल गए दफ्तर शुरू हुए
सब के जीवन पटरी पर लौट भी आए
कोरोना सुनामी का अंत होने लगा
फिर से लोगों में मस्ती का लहर दौड़ने लगा

जब सबकुछ ठीक होता तो हमे समझना है
पतन का राह खुल गया करके जानना है
लोगों को चौकन्ने रहने का जरूरत नही अब
फिर अपने बुद्धि भी सचेतन रखने का जरूरत नहीं अब

आराम के जीवन में बुद्धि को विराम
प्रगति के हर मार्ग को भी लगेगा विराम
कुछ लोग फिर भी सचेतन रहते ही हैं
बाकी उनके कारण सुख मे डूबे हैं

हर एक क्रान्ति इसलिए बदलाव लाया
लोगों मे नए जोश जरूर भरता आया
समाज का सुधार भी ऐसे ही होगा
क्रान्ति के कारण हर एक मे बदलाव आएगा

.

कोरोना ने भी ऐसे कुछ क्रांतिया ले आया
हर एक को आत्मनिर्भर होने का जरूरत बताया
जो मजदूर कोरोना के कारण घर लौटे थे
आत्म निर्भर बनने का जरूरत समझ लिए थे

.

कोरोना जैसे समस्या भविष्य मे भी आएंगे
आत्मनिर्भर नही है तो कैसे जी पाएंगे
मजदूर और मजबूर सबको ऊपर लाना है
आत्म निर्भर बनने के लिए आर्थिक मदद देना है

.

खुद का कामकाज खोलने के लिए आत्मविश्वास भी चाहिए
अपने को आत्मनिर्भर बन जाने का अटल धृड़ता चाहिए
यही हिम्मत हर एक मजदूर में जगाना है
जीवन में नया विश्वास उनके लिए लाना है

.

समाज तो तभी सुधरेगा
जब हर एक का उद्धार होगा
यह तो बापू का भी सपना था
यही सपना अब सच करना है

.

मुश्किल काम तो कुछ नही होता
मन को धृड बनाने की आवश्यकता

यह जरूर हो पाएगा एक न एक दिन
उज्वल भारत का मुख सामने आयेगा एक दिन

.

हर एक वर्ग को साथ ले जाना है
सारे पीछे और कुछ ही आगे नहीं होना है
कोई रो रहा है मर रहा है कैसे छोड़ेंगे उन्हे
साथ में लेकर जाएँगे जरूर उन्हे

.

भविष्य के सुनामियों के लिए देश ऐसे ही तय्यार होना है
हर एक आफत को सहने की शक्ति पाना है
अमीर तो वैसे भी सशक्त है आगे बढेंगे
पिछड़ों को भी अब जरूर साथ ले जाएँगे

.

कोरोना ने तो यही सिखाया है हम सब को
मिलजुलके रहने की सबक दिया है हम को
नही भूलना है आनेवाले कई पीड़ियों तक
सभी के प्रगति देखेगा समाज लंबे समय तक

.

परिवार के खुशियों को भी ज्यादा महत्व देंगे
बीवी बच्चोंके खुशियों में अपना खुशियाँ ढूँढेंगे
घर का विकास लाएगा देश का विकास
हर स्वतंत्र भारत के नागरिक का विकास

.

एक के बाद दूसरा अब आया है तीसरा
ऐसे कोरोना जैसे सुनामी आएंगे बार बार
देश को सशक्त बनाएँगे हर स्थिती को निपटने के लिए
देश के प्रगति में कोई बाधा नहीं आने देंगे भविष्य के लिए

ऐसे देशभक्ति के सीख तो शिक्षक को पढ़ाना है
हर बच्चे को समानता का महत्व बताना है
आखिर कोरोना में शिक्षक भी थे परेशान
बच्चों को पढ़ाकर आनलाइन

31. कोरोना मे शिक्षण

कोरोना मे शिक्षण

.

आनलाइन में बच्चे कैसे पढ़ पाएंगे
शिक्षक से हर चीज कैसे समझेंगे
शिक्षक भी यह जरूर समझ लिए होंगे
फिर भी सिखाने का भरसक प्रयास किए होंगे

.

डांटे भी कैसे बच्चों को आनलाइन में
ज्ञान भी कैसे लाएँगे बच्चोंके दिलों में
मुश्किल काम था शिक्षक भी समझ नही पाए
कोरोना से नयें चुनौतीयां खड़े होगयें

.

चार दीवारों के बीच की पढ़ाई अब तक थी
किताबो से ही पढ़ाई हो पाती थी
कुछ तो बदलना है अब, पहले से अलग
भविष्य निर्माण बच्चों का पहले से अलग

.

सदियों से स्कूल में बच्चे बंद होगायें
बच्चों कों खुला आसमान का जीवन नहीं दे पाएं
बदलना है बहुत, शुरुवात अभी से
आनेवाले पीड़ीयां याद करेंगे कुछ ऐसे

.

आनलाइन पढ़ाते शिक्षण पद्धति समझ लिए
कैसे बच्चे और बेहतर भविष्य के ओर समझ लिए
कोरोना ने तो यह सबक भी दिया शिक्षण पद्धति में
चार दीवारों से हटकर भविष्य बच्चों का खुला परिसर में

.

हर एक माँ बाप चिंतित है
इन दो सालों में शिक्षा नही मिला करके दुःखी है
इनको कैसे समझाएँ चिंता नहीं करना है
बच्चों का भविष्य किताबी पढ़ाई नही है

.

ऐसे शिक्षा लाना है जो आत्मनिर्भर सबको बनाए
हर एक स्थिति में डेट रहना सच में सीख जाए
भले ही नौकरी मिले या ना मिले
पर अपने बलबूते पर भविष्य प्राप्त कर ले

.

ना बचपन छीनना है नाही उनके खुशियां
ना मस्ती छीनना है नाही उनके खेलना
पृकृति के साया में बड़े होने दो
किताबों को बच्चे असल जीवन से जोड़ने दो

.

बच्चे तभी खिलेंगे जब स्वतन्त्रता मिलेगा
फूल तभी खिलेगा जब मन खिलेगा
नए भारत में नयापन आने देते हैं
बच्चोंकों और उज्वल भविष्य का सपना दिलाते हैं

32. कोरोना एक जंग

कोरोना एक जंग

.

कोरोना तो एक जंग जैसे है
हर ओर से जीवन लड़ना है
हर संघर्ष में जीत हासिल करके
अपने जीवन को फिर से प्रगति पथ पर ले आके

.

भविष्य में भी ऐसे जंग लड़ना होगा
नई चुनौतियों का सामना करना होगा
पीछे तो हटना असंभव है
आगे की राह को खुद चुनना है

.

लाक डाउन में एक एक दिन भी भारी पड़ा
घर में बंद होकर सहना पड़ा पीड़ा
कुछ लोग तो भयभीत भी हुए
कुछ तो जीने की आशा ही छोड़ दिये

.

सबको एक उम्मीद की किरण की तलाश थी
आज नही तो कल मुक्ति कोरोना से पाने भी थी
एक लहर दूसरी लहर अब तीसरी आई
कोरोना के हर वार पर जीतना भी जरूरी

.

व्याक्सीन एक वरदान जैसे सामने आया
भारत का क्षमता को विश्व ने पहचान लिया
देश के अन्दर ही व्याक्सीन विकसित हुवा
हर देशवासी के रक्षा का आश्वासन ले आया

.

जिनहोने दो डोज लिया कोरोना से बच गया
तीसरी लहर में कोरोना से निडर होगया
यही सबके आत्मविश्वास को और जगाया है
देश हर हालत को सामना कर सकता है

.

कितने सारे व्यवस्थाएं सुधारणा जरूरी है
हॉस्पिटल की सुविधाए बढ़ाना भी है
हर संकट को जूझने के लिए व्यवस्था लाना है
इन्शुरंस का महत्व को भी हर एक व्यक्ति तक पहुंचाना है

.

होली छूटी दिवाली भी
दसहरा और क्रिसमस भी
पर क्या करे एक एक दिन निकालना मुश्किल था तब
कैसे मनाएंगे मिलके त्योहार सब

.

ऐसे ही अनगिनत मौके छुट गएं
त्योहारों के खुशियाँ कोरोना से लूट गएँ
सबके खुशियों को कोरोना ने छीन ली
सबको बेचैन जरूर की

.

हम अब कुछ और आगे देखेंगे
हर एक के आत्मकथन सुनेंगे

कोरोना के वजह से कैसे उनका जीवन चला
कैसे सबका वक्थ निकलता रहा

• 70 •

33. विद्‌यार्थी

विद्‌यार्थी

.

घर बैठे बैठे पढ़ाई है अब
मम्मी पापा का डांट नहीं है अब
ना कोई होमेवर्क ना कोई क्लास्स्वर्क अब
बस देखते रहना ऑनलाइन टीचर को सब

.

क्लास का मस्ती अब घर बैठे मिला है
शैतानी करे तो टीचर कुछ कर नही रहें हैं
उधर से टीचर जो बोले कौन सुनता
अपने मस्ती में ही बच्चा डूबे रहता

.

किताबी दुनियां से काफी दूर है अब
अपनी मस्ती में डूबे है सब
खेल कूद हुवा असल बचपन हुवा
टीचर का डांट तो अब पूरी तरह कम हुवा

.

मुझे व्यस्त कर दिया है आनलाइन क्लास ने
मम्मी लाती है नाश्ता अपने सामने
कुछ पढ़ाई है कुछ मस्ती है
बचपन का मजा फूल जोश पर है

.

परीक्षा में फेल होने का ना डर
मार्क्स को लेकर भी होगए निडर
एक क्लास से दूसरा वैसे भी प्रमोट होना है
तो इतना गंभीर पढ़ाई क्यूँ करनी है

·

मेरे बचपन कितने सालों से छीना गया था
पढ़ाई पढ़ाई करके हर वक्थ सताया गया था
हर दिन हर पल कीमती जो बचपन था
मम्मी पापा के वजह से खो दिया था

·

अपने मन का इच्छा कौन पूछता
सबसे पढ़ाई करो करके डांट खाना पड़ता
अब तो स्वतन्त्रता कोरोना ने ले आया
सुन्दर बचपन खिलसा गया

·

हर दिन स्कूल के बहुत सारे नियम थे
साथ में समय के पालन करते थे
थोडा सा चूक तो भारी पड़ता था
क्लास के बाहर खड़ा होना पक्का था

·

अब इन सब से मुझको मुक्ति मिली है
आजाद पंछी जैसे महसूस हुई है
खुली हवा में तो घूमने को मना है
घर बैठे खुली सास तो जरूर मिली है

·

बचपन को पचपन करके रखा हुवा था
समाज के नियमों ने जकड़ रखा था

अब आए जीवन मे नये उमंग
खेल कूद मस्ती भरी नए तरंग

.

अब मम्मी पापा ही अतीत से उल्टा पड गए
घर बैठे टीवी देखने को बोलते आए
खैर कुछ तो गलत है टीवी देखना दिनभर
फिर भी देंगे मम्मी पापा के बातों को आदर

.

हमें अब समझ आया है
सिर्फ पढ़ाई में जीवन नहीं है
अपनी स्वइच्छा से सबकुछ करना
साथ में भविष्य को सुंदर बनाना

.

अब किताबी कीड़ा नही हूँ
खुली सांस ले पाता हूँ
किताब से बंद होकर घुटन सा था तब
खुली सांस की आजादी मिली है अब

.

काश ऐसे सुनामी बार बार आते
जीवन मौल्य सब समझ पाते
बचपन तो लौट आया है अब
सुनहरे बचपन खायम होता तब

.

चार किताब से कैसे भविष्य बन पाता
अपने हुनर को दूसरा नही जान पाता
अब तो बदलेंगे, सही पढ़ाई का तरीका अपनाएँगे
किताब से बाहर आकर दुनियाँ से भी कुछ सीखेंगे

किताब भी पढ़ेंगे पर बाहर की सृष्टि से जुड़ेंगे
अपने मन को जो सही लगे अपनाएँगे
अपना विकास ही सबका विकास है
भारत तो प्रगतिपथ पर जरूर चलना है

34. सरकारी नौकर

सरकारी नौकर

.

सुबह समय पर जाना है दफ्तर
शाम को समय पर लौटना है घर
सालों से यही करते आया था
अचानक से कोरोना ने बदलाव लाया था

.

बॉस के बुरे मुह से तंग आचुका था
उसका हर डांट सुनना भी पड़ता था
क्या करे आखिर मेरी मजबूरी थी
महीने के आखरी तारीख को तनखा भी जरूरी थी

.

रोज सुबह तयार होना भारी पड़ता था
मुह लटकाके फिर ऑफिस भी जाना पड़ता था
वही काम हर सुबह शाम करना था
जीवन में कुछ भी नयापन नही था

.

कोरोना का तो मैं शुक्र गुज़ारूँ
ले आया लॉकडाऊन का सुख कैसे बतांवू
घर बैठे बैठे अब कुछ तो राहत है
बॉस के बुरी मुह से कुछ समय के लिए मुक्ति है

.

जीवन स्वतंत्र हुवा जैसे लग रहा है
जकड़ा जीवन फिर से खिल गया है
कुछ समय के लिए ही सही अच्छा हुवा
सांस लेने को तो अब पुरुसत हुवा
.

जल्द उठने का अब ना कोई पाबंदी
जल्द सोने का भी ना कोई पाबंदी
समय तो अब पूरी तरह मेरा है
महीने दो महीने अब आराम ही आराम है
.

जब चाहे खा लूँ जब चाहे आराम करूँ
साथ मे टीवी देखू या मोबाइल चलावूँ
कितना सुंदर जीवन आगया अब
दिल खिल उठने का समय है अब
.

पैसे कमाने के लिए कितना करना पड़ता है
अपनी स्वतन्त्रता खोना भी पड़ता है
आफिस के चार दीवार मे बंद रहना है
आफिस के आठ घंटे की अवधि में अपने अस्तित्व भूल
जाना है
.

जीवन तो ऐसे ही गंवा जाता है
अपने लिए समय कम ही मिलता है
एक मशीन जैसे काम करते रहना है
जीवन की सही स्वाद से वंचित रहना है

35. सरकारी नौकर 2

सरकारी नौकर 2

·

अचानक से कोरोना एक सुनामी जैसे आया
आफिस जाना अब बंद होगया
आफ़ीस मे कितना आराम था हरदिन
घर में रहते बरतन धोना है प्रतिदिन

·

चाय की कितनी मस्ती थी आफिस में
घंटो गप्पे उड़ाते थे आफ़ीस में
सब लुटगया अब साँसे थम गए
खाना पकाते घर में हाथ थक पक गए

·

घर मे बीवी भी एक सुनामी है अब
चाय नाश्ता बनाना भी पड़ता है अब
खाने का मेन्यू हर दिन बदलते रहना है
नहीं तो खाने के साथ साथ बीवी की डांट खाना है

·

अब समझ आने लगा है कुछ कुछ
बीवी कैसे संभालती थी सबकुछ
ना ही थकती थी ना ही रुकती थी
हँसते हँसते हर चीज संभालती थी

·

घर संभालना कितना मुश्किल काम है
आफ़ीस की मजे की जिंदगी भूल जाना है
हर वक़्थ तयार रहना है काम के लिए
कभी कभी सब्जी, किराने लाने बाहर जाने के लिए
.

बच्चों कों संभालना है ध्यान भी रखना है
रोयेंगे बच्चे तो डांट बीवी का खाना है
थक गया मैं तो इस लाकदौन की जिंदगी से
साँसे फूलने लगे हैं ऐसे जिम्मेदारियों से
.

लॉक डाऊन ले आया मेरे लिए नरक लोक
जो पहले रहता था स्वच्छंद लोक
शादी के बाद पहली बार अहसास हुवा है
असल ज़िम्मेदारी घर में पिता का क्या है
.

अब मैं सुधरूँगा, बीवी को विश्राम दिलावूंगा
घर के कामकाज में हाथ बटावूंगा
लॉक डाऊन के बाद भी घर परिवार मेरा है
उनके हंसी खुशी में अपना जीवन है
.

आफ़ीस में भी काम करूंगा
अपने कमाई का सही अर्थ लावूंगा
धन्यवाद कोरोना तुमने बदलदी अपनी जिंदगी
अब सही मायने मे शुरू हुवा असल जिंदगी

36. सब्जी बेचनेवाले

सब्जी बेचनेवाले

.

दिनभर सब्जी बेचते हुये अपना जीवन
ना हुवा कोई कमाई जब आया लॉक डाऊन
जीवन तो दुस्तर होगया है अब
बगैर कमाई कैसे चलाये अपने घर अब

.

पोलिस के डंडे भी खाये सब्जी बेचते बेचते
हर दिन हर पल परिवार को कैसे संभालते
सब के मुह अब आनलाइन की दुकान के ओर
कौन पूछता है जब गरीब हुवा लाचार

.

ऐसे भी दिन देखने पड़ेंगे नहीं सोचा था
जीवन ऐसे मोड पर खड़ा होगा नहीं समझा था
गरीब तो वैसे भी मारे फिरे रहता है
कोरोना ने हर एक पल बोझ बना दिया है

.

सुबह होते ही काम था जिससे प्रसन्नता भी
कुछ तो कमाने का भरोसा भी
सब लूट गया इस कोरोना काल मे
लॉक डाऊन ने जीवन को ही लाक कर दिया

.

सृष्टि तो इतना क्रूर कैसे होता है
अब तो लॉक डाऊन खुलने का ही इंतजार है
हर लाक डाउन में यही होता आया
बार बार जीवन कठिनाई झेलता रहा

गरीब के बच्चों को कौन समझेगा
उनका भविष्य अंधकार में है करके कौन सोचेगा
देश की प्रजा हम सब एक तो है
लेकिन कौन हमे आदर भाव से देखता है

बस अब और नहीं सह सकते
कोरोना से मुक्ति दे भगवान हम मांगते
अपने पर दया करो जीवन जीने दो
लॉक डाऊन से मुक्त होने का कृपा दो

जीवन तो सबके लिए अस्थिर है
पर अपने लिए तो कुछ ज्यादा ही क्यूँ ऐसा है
लॉक डाऊन में सभी घर में मस्त है
अपना तो खाना पीना भी अब मुश्किल में है

हे भगवान मत बतावों की हम अशक्त है
हे भगवान मत दिखावो हम गरीब है
हमे पता है की हम मजबूत नही बन पाएँ
इसके लिए समाज को दोषी ठहराए या अपने नसीब को

37. डाक्टर

डाक्टर

.

हर दिन कोरोना रोगी है सामने
सपनें में भी सताता है आता है डराने
डॉक्टर बने है रोगी के जान बचाने
पर क्या करे अब अपनी जान भी है खतरे में

.

अस्पताल तो कोरोना रोगियों से फुल है
देश के लिए अपना फर्ज़ भी निभाना है
जब जब डॉक्टर लोगों के मरने का खबर मिला
परिवार के बारे में सोचकर खुद डरने लगा

.

कोरोना वारियार का समझ अब होने लगा है
जैसे बॉर्डर पर दिनरात सैनिक लड़ते हैं
अपनी जान भी अब दाव पर है हरदिन
पता नही घर लौटेंगे या नहीं प्रतिदिन

.

फिर भी देश के खातिर लड़ेंगे
अपनी जान गवाँ कर भी रोगी को बचाएंगे
भगवान इतना निर्दयी थोड़ी ही
कोरोना की इस काल को खतम कर देगा ही

.

सुबह से शाम तक मास्क अपने मुह पर
बार बार सनीटाइजर से हाथ भी अब धोने पर
सपने में भी मास्क अपने सामने नाचते हैं
मेरी हालत को देखकर मुस्कुराके चले जाते है

38. कपड़े की व्यापारी

कपड़े की व्यापारी

.

त्योहार आते ही कितना उत्सव हुवा करता
अपने दुकान पर भी भीड़ लग जाता
कपड़े बेचने में भी एक अजीब सुख है
लोगों के प्रसन्नता देख कर खुशी होती है

.

लॉक डाऊन अब ऐसे लग गया की पूछो मत
लोगों को अब दुकान की ओर देखने तक नहीं है हिम्मत
त्योहार मनाने में पाबंदी है तो कपड़े क्यूँ नए
घर में ही मनाना है तो नए खर्च क्यूँ अपनाएं

.

हर दिन सुबह दुकान तो खुलता
पर दरवाजे के ओर ही लक्ष्य है पर कोई नहीं आता
लगता है ऐसे संकट के दिन भी आएंगे
जब दुकान बंद करके घर में बैठने पड़ेंगे

.

लॉकडाउन में लोग कमाई से वंचित है
तो फिर कहाँ से खरीदने की क्षमता है
पहले भी लोग उधार लेकर खरीदते थे
पर उत्सव सिर्फ घर में ही है तो पैसे क्यूँ खर्च करते

.

लॉकडाउन खुलगाया पर लोग अब भी नहीं आते
घर में रहना अब ज्यादा पसंद करते
भविषा मे कोरोना क्या क्या रंग दिखाएगा
हर दुकानदार अब मखखी मारते बैठेगा

39. विमानयात्रा

विमानयात्रा

.

बस ट्रेन सब बंद पडगए
सिर्फ विमान ही सफर के जरिये बनगए
पता नही कितने दिन और उड़ेंगे
कोरोना बढ़े तो वो भी बंद होजाएंगे

.

विमानयात्रा में भी कोरोना का खतरा है
जान हथेली पर रख के सफर करते हैं
पता नहीं किसको कब कोरोना पकड़ेगा
अपने बगल के सीट में कोरोना केरियर होगा

.

कोरोना किट भी पहने फेस शील्ड भी लगाए
सफर करना था जरूरी तो सबकुछ किए
यात्री नहीं होते हुए विमाने रद्द होगाए
जिनको अचानक जाना था वो परेशान होगाए

.

तीसरी लहर भी आया विमानें चलते रहे
जब यात्री आना बंद हुए तो कुछ रद्द भी होगाए
कोरोना के आगे कुछ नहीं चला
आधुनिक मानव झुक सा गया

.

एक दो घंटे का सफर था सुंदर
गगनसखियों का आदर था मधुर
सबकुछ हवा में लुट सा गया
हवा में चलते विमान जमीन पर आगया

40. फूल बेचनेवाले

फूल बेचनेवाले

.

फूल की दुकान पर कितनी प्रकार के फूल
हम बेचते थे हर दिन कई मौकों के लिए फूल
कोरोना जब से आया लॉकडाउन जैसे लग गया
अब कौन आता है खरीदने सब खाली पड गया

.

मंदिर में पूजा करने आते थे भक्तगण हर दिन
किसी के मन्नत पूरा हुवा किसी के मुरादे हर कोई दिन
पर अब तो मंदिर के दरवाजे ही बंद होगाए
फूल की महक अब कम होते आए

.

भगवान मंदिर मे चुप बैठा है
जैसा कोई फरक पड़ा ही नहीं है
कोरोना के कारण वह भी पूजा से वंचित है
भक्त लोग तो भगवान के दर्शन से दूर है

.

त्योहारों का भी अब चुप्पी सी है
अब तो पूजा घर के लिए ही सीमित है
कोई नही आता है फूल खरीदने को
सूखा सूखा समय अब काटना है सभी को

.

फूल अब सुकुड गए, महकना कम होगए
अपने दुकान के खुशबू अब बंद होगाए
क्या करे कोरोना ने ले आया है लॉक डाऊन
ज़िंदगी के हर चीज से होगया है लॉकडाऊन

।

फूल के साथ कितनें आशाएँ जुड़े थे
कितने सपनें और प्रार्थनाएँ थे
सब अब लॉकडाऊन के जपेट में आगए
सपने और प्रार्थनाएँ अब अधूरे दिखगएँ

।

फूलों की महक से अपना जीवन था
फूल बेचकर घर चलता था
कोरोना में मृत शरीर के लिए भी फूल बंद है
बगैर फूल के ही अंतिम संस्कार है

।

फूल बेचते बेचते हम फूल होगाए
कोई आने की उम्मीद से बेवकूफ होगाए
लॉकडाऊन में तो किसका है हिम्मत अब
फूल के बगैर ही चल रहा है सब

।

शादी ब्याह मे फिर भी रोनक है
लोग कम है पर विधि विधियाँ हैं
लोग आते हैं अब भी विवाह के मौकों पर
फूल ले जाते हैं देने दूल्हा दुल्हन को प्यार

।

बस अब और नहीं सह जाता कोरोना
हे भगवान कुछ तो करो ना

अच्युत प्रल्हाद कुलकर्णी

फूल बेचनेवाले ही मुरझागए हैं अब
फूल की महक फिर से आएगा कब

41. इलेक्षण

इलेक्षण

.

समय आगया अब चुनाव का इधर
कोरोना के कारण रुकता किधर
सब नेता लोग लॉकडाऊन तोड़ दिये
बगैर मास्क के प्रचार में लग गए

.

कुर्सी की चिंता तो नेता लोगों को है
जनता का चिंता उनको कहाँ है
उनमे ताकत और हिम्मत है कोरोना से लड़ने को
आम आदमी को तो लड़ना है अपनें जान बचाने को

.

नेता को इलेक्षण लड़ना है
आम आदमी को तो जान बचाने लड़ना है
नेता की ज़िम्मेदारी जनता की सुरक्षा थोड़ी ही है
भीड़ में बडे बडे भाषण करके सिर्फ एलेक्षण जीतना है

.

ऐसे नेतावों का हम करेंगे क्या
जिसे कुर्सी की चिंता है पर कहाँ है देश का
वही नेता इलक्षण जीतके आता है
पाँच साल अपना राज चलाता है

.

कुछ तो अच्छे नेता भी है जिनसे देश चलता है
चुनाव के दौरान भी सतर्कता अपनाते हैं
मास्क भी पहनते रहे दूरिया भी अपनाएं
यही सच्चे नेता देश के लिए साबित हुए
.

कोरोना वाइरस को तो त्योहार ही त्योहार
भीड़ मे मिला मौका फैलने हर ओर
जब हर एक आदमी मस्त होकर इलेक्षण में था
कोरोना अंदर ही अंदर अपना प्रकोप बढ़ा रहा था
.

भीड़ तो आखिर भीड़ ही होता है
ना कान आंखे देखने सुनने होता है
जो भीड़ के साथ गया अपनी बुद्धि खोते गया
कोरोना ऐसे मतिहीन लोगों को आलिंगन कर लिया
.

लॉकडाऊन में भीड़ के लिए थे पाबंदियां
फिर भी कोरोना बढता ही गया
जो फैल गया और फैलता गया
कोरोना तो हात से फिसलता ही गया
.

कुछ इलेक्षण तो रुक भी गए
एलेक्षण के तारेख भी बढ़ा दिए
कोरोना भी अब शांत हो रहा था
अगले वेव की तयारी कर रहा था

42. कालेज की युवतियाँ

कालेज की युवतियाँ

हर दिन सजधज के कालेज जाती थी
मेरे थिरकने पर लड़के चक्कर खा लेते थे
मुह है मास्क के अंदर अब
किसको पड़ा है सजधज के जाना अब

मेरे पीछे पीछे लड़कों का झुंड होता था
कितनें सीटियाँ बातें सुनने को मिलता था
सब बंद होगया अब घर में ही है सब
फिर क्यूँ है सजना लॉकडाऊन में अब

आइने के सामने घंटो बैठती थी
अपनी खूबसूरती पर गर्व करती थी
अब आईना मुझ पर हंसने लगा है
तेरे यह सिंगार किस काम का है बोल रहा है
कोरोना की वजह से सब छूट गया
लड़को का झुंड मुझसे रूठ गया
घर के किसी कोने में बैठे मोबाइल देखती हूँ
सजने सँवरने की इच्छा ही नही रखती हूँ
कोरोना को सौन्दर्य से ईर्षा क्यूँ है
लड़कें मेरे पीछे आना उसे पसंद क्यूँ नहीं है

वह तो पूरी दुनिया को अपने जपेट में ले लिया
चार लड़के मेरे पीछे आने से उसे क्या फरक पड गया

• 93 •

43. कालेज के युवक

कालेज के युवक

कोरोना की सुनामी क्या हलचल मचाई
अपने इस जीवन को घोर बनाई
अब लड़कियां तो दिखना ही बंद हुवा
लॉकडाऊन में सब घर के अंदर कैद हुवा

अपने आंखे तो खूबसूरती तलाशते हैं
लॉकडाऊन में यह सब कहाँ मिलते हैं
ना कोई सुंदर लड़की की मुस्कराहट
नाहीं कंही इनके चलने की आहट

कोरोना में सब शांत जैसे है
ना कोई खुशबू ना कोई सुंदरता है
घर बैठे बैठे करे भी तो क्या करे
कोरोना ने अपने जीवन को मुश्किल में ले आए

कालेज की प्रांगण में सुंदर युवती का उदय होता था
उसके मुस्कराहट की किरणें सब ओर फैलता था
जैसे जैसे पास आती नया जीवन ले आती
मन के अंदर हजारो सपने खड़ा भी कर लेती

अब नवजवानों के दिलें सूखे सूखे से होगाए हैं
उसमें अब न कोई तरंगे दिख रहे हैं
कोरोना जल्दी जावों वापस अब
फिर लौटा दो हमे कालेज के वो दिन वापस अब

44. नव विवाहित

नव विवाहित

.

अभी अभी तो शादी हुयी है
चार दीवारें मे बंद पड़े है
कोरोना तेरी लॉकडाऊन हमको भारी पड गया
हनीमून के सपने अधूरे कर दिया

.

सोचा था हम काश्मीर घूमेंगे
उन फूल बगीचों के बीच रंगीन दुनियाँ देखेंगे
पूरा जमाना पहले का तो मजा लेलिया
अपने पर कोरोना तो रोक ले आया

.

हनीमून के पैसे भी बचे ही तो सही
जो फालतू उड जाते थे टूर मे कहीं
इन्ही पैसों से अब घर सजाएँगे
घर के अंदर ही हनीमून मनाएंगे

.

शुक्र गुजारे शादी तो हुवा
नहीं तो कोरोना में बहुत कुछ नही हुवा
एक दूसरे के सामने अब बैठे रहेंगे दिनभर
अपने दिलभर की आंखों में प्यार ढूँढेंगे दिनभर

.

कोरोना की वजह से शादी के खर्चे भी कम हुये
साथ मे रिश्तेदारों के ताने भी कम हुये
शादी सरल होना कोरोना ने अच्छा किया
पर घर के अंदर नवविवाहित को बंद कर दिया

45. एक दिन पड़ोसी के घर

एक दिन पड़ोसी के घर

.

जरूरी काम से पड़ोसी के घर गया था
तब कोरोना का प्रचंडता चल रहा था
धीरे से दरवाजा उसने खोला
किससे मिलने आए हैं करके बोला

.

मैं भी हैरान रह गया क्या ए क्या हुई
कोरोना ने सबको अलग कर दी की ये क्या होगया
डरते डरते मैंने बोला अंदर आ सकता हूँ क्या
मुह लटकाके उसने बोला कुछ काम है क्या

.

मुझको एक कोने में ऐसे बिठा दी
जैसे अछूत की बीमारी मुझे लग गई
सब एकदम चौकन्ने से होगाए
अपने मुह पर मास्क पहन लिए

.

कोई आकार मुझे स्यानिटाइजर स्प्रे किया
और दूर स बात चीत कराते रह गया
मैं बोलने ही वाला था मुझे कोरोना नहीं है

मुझ से दराने की आवश्यकता नहीं है

.

जाते जाते मैंने धन्यवाद बोला
हम सबको कोरोना होगया है करके उसने बोला
उसकी बाते सुनते ही मैं चक्कर खागया
एकदम उधर से भागकर बाहर निकल आया

46. होम क्वारंटाइन

होम क्वारंटाइन

.

पता चल गया कोरोना है मुझे
घर मे अलग अब रहना है मुझे
लग रहा था अब जिंदगी कितनी है मुश्किल
धीरे धीरे समझने लगा की मस्त है एक एक पल

.

अलग रूम में मैं अकेला था
तो क्या हौवा मोबाइल भी साथ में ही था
चाय काफी तो अब बैठे बिठाये अपने जगह पर ही
नाश्ता खाना बिलकुल समय समय पर भी

.

कोई काम करना नहीं अब आराम ही आराम
सभी चीजों से अब सम्पूर्ण विराम
ना सामान लाना है नाही सब्जी काटनी है
दिनरात अब सिर्फ आराम करना है

.

ऐसे सुंदर जीवन सिर्फ कुछ ही दिन के लिए
ठीक होते ही जाना है आफिस के लिए
कोरोना के कारण जीवन आजाद हुवा
खुद के अस्तित्व का अहसास हुवा

.

संसार के बंधन में जीवन खोगया था
खुद के बारे मे कभी सोचा नही था
अब यह अहसास कोरोना ने दिलाई
जीवन में अब नया मोड ले आई

47. सृष्टि के असलियत

सृष्टि के असलियत

लाकदौन जब लोग घर मे बंद थे
और जीवियों का लाकदौन खुल गया
आदमई के दर से चुपके रहते थे
कुछ जानवर गाँव तक आभे गए

आदमी के पहचान अब होने लगा था
कितनी क्रूरता इनमे है समझ आगया था
अपने सुविधा के लिए अरण्य काटलिए
कनयी जानवरों को दूर भागा दिये

धीरे धीरे इनके संख्या भी कम हुयी
जो बचे वो अंदर चुप गए
लाकदौन थोड़ा हिम्मत जो प्पए
गाँव शहर मे वापस मुह दिखहाए

सृष्टि मे अपने अस्तित्व समझना है
अन्य जीवियों के साथ रहना सीखना है
सदियों से जो काटते आए थे जंगल को
अब तो रोकना है अपने अंदर की जानवार को

जानवर के हक़ हमने छीना था
कोरोना ने हमारे हक़ चीन लिया
हिसाब बराबर करना सृष्टि को आता है
नाही माने तो और विनाशा फिर से देता है

48. प्रदूषण

प्रदूषण

.

हवा कितनी अनमोल कोरोना ने सिखाया है
उसकी शुद्धता को सही से समझाया है
लालदौन मे वाहन रास्ते पर कम थे
प्रदूषण अब सुधार आने लगा था

.

अपनी सुविधा के लिए गाडियाँ चलते है
फकतरियाँ दिनरात धुवान फेंकते है
सब रुक गया लाकदौन के दौरान
हवा शुद्धा होगया अपने शहर गाँव

.

कोरोना ने अपने जीवांगति को कम किया
लेकिन अपने सांस की हवा भी शुद्धा कराया
बरसों से जिस हवा क ओहमने झेला था
कोरोना ने दो महीने मे ठीक कर दिया था

.

शुद्द हवा शुद्ध पानी सबके जरूरत
शुद्धा मन शुद्ध विचार अगले पीड़ी के जरूरत
शुद्धता तो आएगी कुछ खोकर
पवित्रता मन पाएगी खुद का अहसास लाकर

.

चलो नए पीड़ी को हम कुछ अच्छा देते हैं
शुद्ध हवा पानी और शुद्ध जीवन लाते हैं
समाज से भी अशुद्धता मिटाएँगे
नव समाज का निर्माण होने देंगे

49. पड़ोस मे कोरोना मरीज

पड़ोस मे कोरोना मरीज

.

आज ही पता चला है बगल मे मरीज है
कोरोना से पीड़ित अपने पड़ोसी हैं
ऐसे लगा किओ घर से बाहर आए
सब लोग एक डैम से घर के अंदर होगाए

.

कोरनोना से दर था या अपने पड़ोसी से
कोई उसके मुह तक देख नाही पाते दर से
मदद के लिए कोई पूका ही नाही
आखिर अपने घर मे बीवी बच्चोंकों बचाना है

.

बेचारा पड़ोसी खाने के लिए तरस रहा था
लोगों के रवैये से दुःखी भी था
क्या करे यह दुनियाँ ऐसे ही है
मुश्किल वक्थ मे किसेसी का काम नाही आती है

.

कोरोना का दर सब के ऊपर छागया
बरसे से जो मित्रता थी सब भूल गए
एक क्षण मे रिश्ते सब टूटगाए

पड़ोसी आखिर आनाथ की तरह देखते रह गया
.

अपने को कोरोना से डरना है
पर अपनी पड़ोसी के फ़र्ज़ भी निभाना है
दिल की सिंटोक ऐसे हवा मे थोड़ी ही फेंकते है
कोरोना को अपने स्र्तो पर क्यूँ कंटक बनाने देते है

50. दैवी तत्व का उगम

दैवी तत्व का उगम

.

कभी कभी अभिशाप भी वरदान बन सकता है
जिससे अपना जीवन सुधर सकता है
ऐसे ही सृष्टि मे राक्षसी तत्व पैदा हुये थे
उसे दमन करने के लिए दैवी तत्व भी जन्म लिए थे

.

कोरोना एक राक्षसी तत्व मानेंगे
उसे नष्ट करने कुछ तत्व पैदा भी हुये
कोरोना को तो नष्ट किया भी
साथ ए समाज मे सुधार लाया भी

.

हिरण्यकश्पू के लिए नरसिंग
उसी समय भक्त प्रहलाद
समाज मेदिव्य संककालन भी हुआ
दैवी तत्ववोन का स्थापना भी हौवा

.

अच्छे बुरे का यही लड़ाई बरोसों से है
आखिर अच्छाईका जीत निशिचत है
कुछ पल के लिए बुरे तत्व राज करेंगे
आखिर मे अच्छाई ही जीत पाएंगे

.

निसर्ग मे यही नियम चलते आय ए हैं
कुछ अच्छे कुछ बुरे चलते आए है
हर बुराई के बाद अच्छाई जीतेगा
अपना जीवन मे बदलाव लाएगा

51. सृष्टि एक निघूढ़

सृष्टि एक निघूढ़

.

कोरोना कैसे आया इस धरती पर कोई नहीं जानता
सृष्टि की निघूढ़ता को कोई नहीं पहचानता
पर उसी सृष्टि ने कोरोना की नियंत्रण का रास्ता बताया
हर एक के जीवन में बदलाव भी लाया

.

निसर्ग से ही हम बनें हैं
उसकी रक्षा में अभीवृद्धि पाए हैं
बनने बिगड़ने का काम सब रचेता के ही हात
हमें मानना है उसकी हर एक बात

.

जब जब बदलाव सृष्टि में आया अचानक से ही आया
सबको एकदम से चौकन्ना किया
सुनामी हो, भूकंप हो और अब की कोरोना
सीख दिया है सबको कैसे खड़े होना

.

मानव पूरे भ्रम्हाण्ड का छोटा हिस्स ही है
पूरे सृष्टि में और भी चमत्कार है
बस इस निघूढ़ सृष्टि को सुलझना है
अपने तरीके से गहराई जानना भी है

.

कोरोना जैसे अनेक चमत्कार है
जो मानव जाती के लिए घातक हैं
सृष्टि के निघूढ़ता कौन जानेगा
हर बार चुप छाप परिस्थितियाँ सहन करना होगा

52. हर दिन का जनजीवन

हर दिन का जनजीवन

.

कोरोना से जीवन बिगड़ा था सबका
हर दिन की जीवन शैली खराब थी सबका
दो तीन साल जिंदगी के बहुत माइने रखते हैं
वैसे तो सौ साल के जीवन भी दो पल जैसे ही है

.

अपने मन की इच्छावों का ही परीक्षा हुवा
कोरोना के कारण अपना सुख पर प्रहार हुवा
उस प्रहार को जरूर हम सामना करेंगे
कोरोना को नियंत्रण करने अपने इच्छावों पर भी संयमता
रखेंगे

.

जो पार्टी करता था बाहर वो अब घर में है
जो स्कूल में मस्ती करता था अब घर मे बंद है
जो आफ़ीस में शोरगुल करता था
अब घर में बरतन धोने के लिए मजबूर था

.

बदलाव आगे की जिंदगी के साथ भी है
मास्क और कुछ साल तक पहनना पड सकता है
अपनों से ही दूरियां बार बार होगा
कोरोना के चलते सहन करना भी पड़ेगा

.

हर परीक्षा मे हम सफल भी होंगे
कोरोना को हारते हुये भी देखेंगे
फिर से मानव जीवन सुरक्षित होगा
हर सुख सुविधाए प्राप्त भी करेगा

53. शतमान में पहली बार

शतमान में पहली बार

पूरे शतमान में ऐसे पहली बार हुवा है
मानव जीवन सच में अस्तव्यस्त पड़ा है
पहले भी महामारीयां मानव को सताये हैं
अब एक बार फिर से सब पर भारी पड़ा है

जीवन मरण के बीच सैकड़ो तड़पे हैं
अभी भी अस्पताल मे जान पर लड़ रहे हैं
कभी कभी यह सब देखकर मन दहल जाता है
अपनोंकों खोने का डर बहुत सताता है

ऐसे हादसे बार बार थोड़ी ही आते हैं
जब भी आते हैं तो कुछ विनाश करके जाते हैं
बरसों तक दिलों को दर में फसा देते है
मानव प्रगति मे बाधा जरूर डालते है

मानव संतति है परीक्षा में अभी भी
कोरोना के तीसरी लहर का प्रहार अभी भी है
लगता है ओमिक्रोन ठंडा पड रहा है
चौथी लहर आने की संभावनाएं कम दिख रहे हैं

भविष्य फिर से सुरक्षित होने वाला है
पटरी पर जनजीवन आनेवाला है
फिर से सुंदर यह दुनिया दिखेगा
दो तीन साल से जूज रहे थे कोरोना से वो भी खतम हो
जाएगा

54. कोरोना जैसे और सामाजिक बीमारियाँ

कोरोना जैसे और सामाजिक बीमारियाँ

.

खत्म कुछ और चीजों को भी करना है
गलत सामाजिक पद्धतियां छोड़ देना है
कोरोना तो सिर्फ दो साल से सताते आया है
सदियों से सामाजिक पद्धतियाँ अवनति के राह ले चले हैं

.

अपने समाज से जन्मे बहुत से कोरोना है
जो सामाजिक स्तर पर काफी फैला है
क्यूँ हम उस पर गंभीर नहीं है
क्यूँ उनको ऐसे ही फैलने दे रहे हैं

.

गरीब को आज भी अपने हक के लिए लड़ना पड़ता है
अमीर के दबाव को सहना भी पड़ता है
कब मिटेंगे यह अमीरी गरीबी के फांसलें इधर
कब आयेगा एक समानता का अधिकार

.

धर्म के नाम पर कितने झगड़े है
कोरोना जैसे समाज में फैले है
मास्क सनीटाइजर से कोरोना से तो बचाव है

अधर्म की ऐसे तत्वों से बचना तो बहुत मुश्किल है

.

सदियों से समाज में ऐसे पीड़ाएं हैं
हर एक के दिल में चुभ भी रहे हैं
कब मुक्ति मिलेगा इन छीजो से
जैसे कोरोना से मुक्ति मिल जाएगी एक दो साल में

55. समाज मे फैलाना है

समाज मे फैलाना है

.

फैलाना ही है तो प्यार फैलावों
एक दूसरे के दिलों को और करीब लावों
दिल से दिल की दूरी दो गज की थोड़ी ही है
कितनों में यह सैकड़ो मील की दूरी है

.

ऐसे दूरियाँ तो समाज के लिए डरावना है
नए समस्याएँ जरूर ले आता है
दूरिया मिटावों प्यार फैलने दो
पूरी दुनिया एक जैसे होने दो

.

सभी साथ है तो कितनी मजा है
प्यार बढ़ रहा है तो कितनी खुशियाँ हैं
आपसी भेदभाव को मिटाना है अब
सब साथ साथ जीना है अब

.

ऐसे कोरोना और भी है समाज मे
ऊंच नीच का अमीरी गरीबी का हर एक के दिल में
कब तक आखिर इसको जिंदा रखेंगे
सदियों से चलते आए ऐसे बीमारियाँ खतम कर देंगे

.

मानव कुल विकास की ओर बढ़ जाय
धरती एक स्वर्ग जैस हो जाय
कितना मजा है जब शांति सब ओर है
जब विनाशकारी तत्व समाज से मिट जाते हैं

56. हर एक की कोरोना कहानी

हर एक की कोरोना कहानी

.

कोरोना के साथ सभी का एक एक कहानी है
हर एक के घर ने दुःख को सहा है
ऐसे कोई नही बचे जो सुरक्शित महसूस किए
सबके सब डर की प्रभाव में आगएं

.

मम्मी पापा को खोने का डर
पति पत्नी से बिछड़ने का डर
बच्चे अनाथ होने का कितनों को डर
दो साल में डर कोरोना का सताया जरूर

.

पति पत्नी मनमुटाव मे रहते हुए
बच्चों की पढ़ाई से चिंतित माँ बाप को डराते हुए
लगता है कभी कभी समस्याएँ ही जीवन है
तभी तो भगवान ने कोरोना भेजा है

.

दफ्तर में प्रमोशन की चिंता है
घर मे बीवी की डाइवोर्स का डर है
किसीको बच्चे की आरोग्य का चिंता है

और किसीको उसके पढ़ाई का चिंता है
.

जब बड़े समस्याएँ आते हैं जीवन में
चोटी समस्याएँ दिखना बंद हो जाते है सच में
वैसे ही जीवन में बहुत से समस्याएं हैं
वैसे ही अनगिनत आशंकाएं पड़े हैं

57. कोरोना से बदलाव

कोरोना से बदलाव

.

अब घर मे पति पत्नी साथ साथ है
अच्छों को पढ़ने के लिए मजबूर नाही कर रहें हैं
बूढ़े माँ बाप का आदर भी है
घर आनेवाली बाई का सम्मान भी है

.

अब घर आते बाई को आदर
आफ़ीस को बास को भी सम्मान
जो पहले घर मे आलस्सी था
अब छुट्टी के डीनो मे घर संभालता है

.

पार्टी करने का मन अभी भी है
पर समझ लिया की बीवी बच्चो के प्यार मे जीवन है
जिस खोकल जीवन जीता था अबतक
वो भरपूर मस्ती ले आए हैं भविष्य के लिए

.

बच्चों के साथ वक्थ देते मम्मी पापा
बूढ़ो के साथ समय बिताते बच्चे
सब बादल गया अब सब है सुंदर
आखिर कोरोना ले आया बदलाव सबके मन के अंदर

.

कुछ पाने के लिए कुछ खोना था जरूरी
अपनों के प्यार समझने के लिए झेलना था बीमारी
सीख तो लेकिन बड़ी मिलगायी
पूरे जीवन के लिए बदलाव ले आई

58. पचपन मे बचपन

पचपन मे बचपन

जब जीवन मरण के पास दिखाता है
बहुत कुछ पछतावा अपने जीवन पर होता है
जो बचपन मे खोया और पचपन मे किसीको दुखाया
सब छीजे सुधारने को मन करता है

कुछ तो अपने व्यवहार से परेशान है
उस दिन के अपनी बुरी वक्थ का संताप है
बदलना चाहते है लेकिन कैसे संभव
जब वक्थ गुजर गया हौवा असंभव

आफ़ीस मे कारीयर नाही बनाया करके टेंशन
जो समय गया अब कसिए बदलाव लापेयागा
समय को मुट्ठी मे बांड के कैसे रखेंगे
भूत को बार बार क्यूँ कोसते रहेंगे

जो छीजे बादल सकते हैं जरूर उसपर काम करना
जिससे सबके भलाई हो उनको आज ही बदलाव लाना
जिस अमीरी की गर्व था तुम्हें छोड़ना अब
दूसरों के ऊपर अपना बरताव सुधारो अब

अच्युत प्रल्हाद कुलकर्णी

जीवन तो एक बार जीया जाता
पचपन मे बचपन नाही ला पाता
इसलिए पछतावा करना ही क्यूँ है
अपने भविष्य को सुंदर बनाना है

59. निसर्ग के सामने हम कुछ नही

निसर्ग के सामने हम कुछ नही

.

सब यही समझते है हम धरती पर कायम है
कोई नाही महसूस करता हम मरनेवाले है
यही तो निसर्ग का अजीब किस्सा है
ईससे प्रथवि पर बहुत सारे तमाशाएन हैं

.

कुछ पल प्यार से बीवी से बिताए होते
कुछ पल मस्ती के बच्चों के साथ गुजारे होते
अब सोच कर क्या फायदा जब अस्पताल भर्ती हो
तब क्यूँ नाही सोचा जब समाया ही समय तुम्हारे पा हो

.

सब यही सोचते थे कोरोना अपने को नाही आयेगा
तब अहसास हुया जब अस्पताल मे भर्ती हौवा
मास्क सनीटाइजर का इस्तेमाल किए होते
सामाजिक दूरिया कुछ रख लिए होते

.

जो हौवा सो हौवा अब क्यूँ है पछताना
कोरोना से ठीक होकर पहले घर वापस आना
जिन छीजो से वंचित था पहले उनको करो

अपने भूल को आज ही जीवन मे सुढहारों

.

कोरोना ने यही छीजे ले आया है
अपने को सुधारने का मौका ले आया है
कुछ असपाताल से वापस आए ही नाही
पर ओ वापस आए उनके लिए नई जिनदगी मिली

60. सुनहरे भविष्य हो

सुनहरे भविष्य हो

किस मोड पर जीवन आजाता है कोई नाही जनता
सुधारने का मौका मिलेगा कोई नाही जानता
जब मौका मिला है नए जीवन के लिए
नाही गंवाना है व्यरथा जीने के लिए

कितने पल व्यरथा लग रहे हैं अब
क्यूँ ऐसे किए पचताराहैं है अब
कभी भी जीवन को मूड के नाही देखा हमने
सुंदर जीवन तेरे पेचे पीछे ही आरही थी तुझे देने

असपताल मे ठीक होते होते लोग नाचे झूमे
जीवन की खुशियाँ किसमे है यह जान लिए
दो पल की जीवन दो पल का प्यार
यही है जिंदगी बाकी एसबी बेकार

बेकार जीवन को अब सुंदर बनाना है
जड़ जीवन मे चेतना भरना है
भविष्य सुंदर करना अपना लक्ष्य है
आज से इसके लिए प्रयास जरूरी है

जीवन कभी खतम नाही होता है
भविष्य मे सुंदर पल का इंतज़ार है
जो खोगाया उसका चिंता अब क्यूँ करना है
जो पाना है उसीमे डूबे रहना है

61. विनाश की कोरोना

विनाश की कोरोना

शादियाँ टूट गायें रिश्ते बिखर गए
कोरोना के वजह से जीवन ट्रस्ट हो गया
वो दिन याद कर करके लोग अभी भी रोते है
जब अस्पताल से मरीज शव बनके बाहर आता है

बच्चों का भविष्य अस्थिर हौवा
पढ़ाई बहुत से बाधाए आई
कुछ लोग अस्पताल घूमते ही थक गए
और कुछ तो अस्पताल मे डैम तोड़ दिये

कुछ तो डिप्रेशन मे भी आग़े
घर मे बैठे पागल जैसे होगाए
मानसिक बीमारियाँ कितनोंकों खागाया
अस्पताल के चक्कर अपना हरडीन का होगया

जो आज थे कल खत्म होगाए
अच्छे खासे कितने लोग बेम्वक्थ ही मरगाए
ऐसा दिल दहलाने का कभी नाही हौवा
जीवन सबका अस्थिर होगया

ऐसे बुरे क्षण किसीको भी नाही आयें
जीवा सुंदर क्षणों से बरते जाएँ
कुछ ऊपरवाले का भी हाथ मे है
जो अपने हाथ मे उसे जरूर अब करना है

62. कोरोना एक दुरान्त नाटक

कोरोना एक दुरान्त नाटक

.

कोरोना का नाटक कभी न कभी अंत होगा
जिस को सृष्टि ने रचाया उसके हाथों नाश होगा
नाटक का समय बहुत लंबा था
हर एक नाटक से प्रभावित भी था

.

ऐसे नाटक कोई नही देखने चाहेगा
जिसमे सिर्फ डरावना दृश्य भरी हुयी हो
ऐसे नाटक ही जीवन मे कुछ सबक ले आते हैं
जिसका सदियों तक लोगों मे असर रहता है

.

सृष्टि मे दुरन्त नाटक हमने क्या कम रचायें
बहुत से हम स्वइच्छा से रचाए
ऐसे अनगिनत आतकों का अंत हो नही रहा है
उसको देखते देखते जमाने गुजर भी चुके है

.

हमसे रचित ऐसे नाटक को अंत करना है
ऐसे दुरान्त नाटकों को बढ़ावा क्यूँ देना है
हम चाहे तो नाटक खतम कर सकते है

एक सुंदर समाज का शुरुवात जरूर पा सकते हैं

.

कोरोना का दुरान्त नाटक यही करने आया था
अपने दुरान्त नाटकों का अंत करने आया था
संदेश तो दिया उसने अब हमारी बारी है
दुरान्त को खतम करके सुंदर समाज निर्माण करना है

63. समाज का उगम और अंत

समाज का उगम और अंत

.

विनाश के लिए समय नही लगता
कुछ पल मे ही सब बिखर जाता
निर्माण के लिए मेहनत और लगन चाहिए
नव निर्माण समाज का अपना सपना होना चाहिए

.

समाज का निर्माण अच्छी तत्वो से
बरसो तक लगे सतत मेहनत से
अच्छे तत्व महापुरुष ले आते हैं
समाज के अंदर उसका प्रभाव डालते हैं

.

समाज के विनाश बुरे तत्वों से
सामी नहे लागत विनाश होने से
राक्षसी तत्व समज मे वैसी भी है
कुछ पल मे ही सबकुछ नाश कराते हैं

.

सृष्टि की आगे बदना भी इनही चीजों से
अच्छे चीजों से निर्माण समाज को
बुरी चीजों से सबका भविष्य का

दोनों पूरक है दोनों सृष्टि से ही है
.

सृष्टि इसलिए तो निघूद भी है
जो अच्छाई लाता है जगत मे
बुराई क्यूँ बरसाता है अचानक मे
कोई नही सब कुछ रहस्यमय

64. कोरोना नाटक बुरे सपना जैसे

कोरोना नाटक बुरे सपना जैसे

.

बुरा एक सपना कोरोना ने दिखाया
जिंदगी भर याद रखनेवाला दर्द उसमे लाया
इसको भूलना ही उचित है जिससे दुःख मिलता है
आगे बढ़ाना ही जिंदागे है जिसमे जीवन होता है

.

कोरोना के इस दुरान्त नाटक मे सबने अपने पात्र निभाए
कई पोलिस की जान गए पात्र ही खतम होगाए
डाक्टर लड़ते लड़ते खुद बीमार होगाए
कुछ जान गँवाकर कोरोना वारियर भी बने

.

ऐसे नाटक सदियों मे एक बार
नाही खेला जाता है ऐसे बार बार
दुरान्त ही इस नाटक का परिणाम है
सुखद अंत का कोई गुंजाइश नाही है

.

सबके एक एक कहानी
चित्रा विचित्र दर्द के अजीब कहानी
सबने इस मे हिस्सेदार बना

अपने रोना अब किसकाओ है कहना

.

बुरे सपने के बाद दिल विचलित होगा
बहुत समय तक दिल दर से भरा होगा
क्या करे कोई चहके ऐसे थोड़ी हौवा
दुरान्त सपनों का मंच अपने अप्प ही सजा

65. कोरोना एक गृहयुद्ध

कोरोना एक गृहयुद्ध

.

बाडंर पर लड़ना फिर भी आसान है
अंतरयुद्ध तो बहुत कठिन है
यहाँ तो हर एक भी योद्धा है
कब किसे क्या होजाए किसको पता है

.

कोरोना एक गृहयुद्धा जैसे था
सबको चौकन्ना रहना बहुत जरूरी था
बेपरवाही तो भारी पडगाया
हर जगह कोरोना बढ़ता ही गया

.

शत्रु कोरोना के बल तो बढ़ता ही गया
हाहाकार तबाही मचाते रहा
एक जुट होकर लड़ना नही करपाएं
शत्रु के प्रकोप बस देखते रह गए

.

देखते ही देखते हाहाकार मचगाया
कोरोना का भय चारो ओरर फैल गया
लाकडौंन जैसे हालत बनगया
कठिन पाइस्थि जन्म ले लिया

.

कौन चाहता है की घर मे हड़कंप मचा हो
हर ओर कोरोना का अट्टहास हो
फिर भी ढंग से नाही लड़ पाये
देखते ही देखते कोरोना फैलाता गया

.

लाकदौन के कारण फायदा मिलगाया
कोरोना चुपचाप अशक्त होगया
जिस भीड़ के कारण वो बढ़ता गया
भीड़ के बगैर अपना तेवर बदल दिया

.

राहत की साँसे अब आने लगे
कोरोना की लहरे थमते गए
भीड़ तो भविष्य मे फिर से जमेगा ही
कोरोना को मौका शायद फिर से मिलेगा ही

.

ऐसे अनगिनत शत्रु घर मे ही है
जिनको बुरे तत्वों का सहारा मिला है
समाज मे पनपते ही गए हैं सालों से
समाज को घ्रासित किया बगैर कारण से

.

इन शत्रुवोन पर भी विजय पाना है
समाज को एक नए स्टार पर सुधार देना है
मुश्किल तो है क्यूँ की जड़े मजबूत है
मिलके प्रयास केंगे तो मुमकिन नाही है

66. तीसरी लहर

तीसरी लहर

.

शांत जीवन जब अपना रहे थे
तीसरी लहर की प्रवेश हो चुकी थी
जंग तो फिर से छेडदिया कोरोना
फिर से जरूरी है हमे एक साथ लड़ना

.

कहानी तो वही है फिर से दोहराती है
पिछले संघर्षोंकों याद कराती है
कहानी तब तक ये समाप्त नही होगा
जबतक जनजागृति नही हो पाएगा

.

हर एक व्यक्ति अब जिम्मेदार होगा
समाज के संकट को अपना संकट मानेगा
हर प्रकार की मदद सबको देना है
किसी भी हालत मे कोरोना भगाना है

.

अब कोरोना ने भी अपना रवैय्या बदला
मामूली सर्दी ख़ासी जैसे निकाला
घर मे ही सब क्वारंटाइन भी है
कुछ ही दवाई से ठीक भी हुये है

नबर तो बढ़ रहे है कौन परेशान है
सब अपने कार्य भी कर रहें है
बस तीसरी लहर सिर्फ नाम के मात्र है
किससेको ज्याद कर नाही पाया हाई

67. कोरोना यद्ध

कोरोना यद्ध

.

कुछ लड़ाई ऐसे ही होते हैं
जहां युद्ध मे आयुध नही लगते हैं
शत्रु के नाश के लिए अजीब तरह की लड़ाई
एक दूसरे से दूर रह कर खत्म कोरोना की कहानी

.

मिलके लड़ाई नाही करना
दूर रहकर लड़ाई जीतना
हम सब जीतने करीब आएंगे
कोरोना को अच्छे से बढ़ावा देंगे

.

हाथ धोकर कोरोना के पीछे पड़ना है
बार बार हाथ दोना है
तभी तो कोरोना अपना डैम तोड़ देगा
तभी वो चुपचाप दूर चला जाएगा

.

दो गज की दूरी मास्क जरूरी
यहा नारा अब सबके लिए प्यारी
इसीसे अब छीजे बदलेंगे
करोना मुक्त समाज स्थापित पाएंगे

.

युद्धा बरसो टक चला थकना नाही है
अपनी ऊर्जा बढ़ाके लढते ही रहना है
एक न एक दिन कामयाबी मिलेगा
कोरोना राक्षस का अंत होगा

युद्धा बरसो टक चला थकना नाही है
अपनी ऊर्जा बढ़ाके लढते ही रहना है
एक न एक दिन कामयाबी मिलेगा
कोरोना राक्षस का अंत होगा

68. कोरोना से समाज मे बदलाव

कोरोना से समाज मे बदलाव

सबके कहानी अब नए मोड पर आएंगे
कोरोना खतम होने से जीवन फिर से खुलेंगे
सबके कहानी अब सुंदरता पाएंगे
करोना मुक्त समाज सब देखेंगे

घर एक मंदिर सब बनाएँगे
परिवार के लोग हसते खिलते रहेंगे
दूरियाँ थी पहले सबके बीच मे
अब सब और करीबी का महसूस करेंगे

बच्चो के ऊपर का पढ़ाई का भूज मे कमी लाएँगे
खेल कूद मे बच्चे अपने को स्वतन्त्र पाएंगे
जिस कारण भविष्य खतरे मे था पहले
नए भविष्य जो उजवाल है दिखेगा हम जानले

शादी के खर्चा कमी लाना होगा
लाकदौन के शादियाँ याद रखना होगा
जीवन तो नवविवाहित को जीना है

फालतू खर्चा करके महमानों को क्यूँ खिलाना है
.

समाज बदलेगा लोग बदलेंगे
कोरोना के कारण सारा जग बदलेगा
घर परिवार बेहतर होंगे
नए सपने खूब सुंदर होंगे

69. पोलिस की मेहनत

पोलिस की मेहनत

कोरोना से लड़ते लड़ते पोलिस थक चुके थे
लोगों को जगाने गाने भी गाये थे
जो मास्क नही पहना उसको मास्क वितरण किए
जो मस्ती किए उनको डंडे भी खिलाये

मास्क के वजह से चोर लोग नहीं पहचानने मे
मस्त घूम रहे हैं पोलिस से हुये सफल बचने मे
अब फिर से उनको चौकन्ना रहना होगा
जब मास्क मुह से हट जाएगा

कोरोनना मे पोलिस के ज्यादा ही महत्व रहा
जिनसे लाकदौन सफल हौवा
अपने जरूरते किसको नाही हैं
पोलिस से बचाते भागे जा रहे हैं

कनयी पोलिस बीमार भी हुये
कोरोना के कारण जान भी गए
फिर भए नाही रुका उनके पक्के इरादे
लाकदौन को सफल काराही दिये

जान पर खेलना इनको आता है
अपने जान पर परवाह नाही कराते हैं
यही असली देशप्रेम भी है
यही सही असली देशभक्त भी है

70. कोरोना से कितने सीख पाएंगे

कोरोना से कितने सीख पाएंगे

आनलाइन क्लास कुछ तो मजा था
दूर से पढ़ाने मे आसान भी होगया था
टीचर को फिर से स्कूल मे सिखाना होगा
नए पद्धतियाँ अपनाना होगा

बीवियाँ फिर से घर संभालेंगे
पति भी उनके मदद करेंगे
सुबह के चाय से शाम के दूध तक
दोनो मिलके रहेंगे आखरी दम तक

सुधरनेवाले तो सुधार जाएँगे
पतियाँ घर मे काम करेंगे
कोरोना से सबको कुछ तो सीख लिए
बाकी सभी तो मस्ती करते गए

शादीयान फिर से धूम धाम से होंगे
फालतू के खर्चे बढ़ते जाएँगे
कोरोना ने सबक तो दे दिया था

फालतू खर्चा मत करो यह समझाया था

.

गरीब माँ बाप फिर से मुश्किल मे
जो शादी के खरचा नही उठा पाये
जिस कोरोना के दौर मे खर्चा कम किए थे
समाज मे शादी के खर्चा कुछ रुकुवा दिया था

.

डाक्टर फिर से आराम से घूमेंगे
कुछ राहत की सांस वो भी भरेंगे
दिनरात की भय से वो भी मुक्त होगाए
आम जीवन की सुख फिर ले पाएंगे

.

जीवन सबका रुका हौवा था
सफर का मजा अटक गया था
सबके दिल फिर से धड़कने लगेंगे
खुली जीवन के आनंद लेंगे

.

इंसान के मूला स्वभाव आनंदमय है
जिसे कोरोना ने दुखित कर दिया है
उसका जाना अंधकार का अंत
नए सबेरे के सच मे शुरुवात

.

हम सबके जीवन अब्द और बेहतर
सामाजिक बदलाव से प्रगति के ओर अग्रसर
नए राहे नए सपने नए मंजिले होंगे
आसमान से ऊंचा प्रगति कर दिखाएंगे

71. कोरोना एक बुरा सपना

कोरोना एक बुरा सपना

.

कोरोना के खुद की सब की कहानियाँ है
कितने दर्द ही दर्द भरा है
ऐसे कोई नाही मिलेगा
जो करोना से प्रभिव्त नाही हौवा होगा

.

कितने परिवार टूटाए
जीवनभर के दर्द देगाय
ऐसे दर्द जो कभी ठीक नाही होपाए
जीवन भर की सजा बन जाये

.

कितने कंपनियों का दिवाला निकाल गया
कयीं लोग रास्ते पर आगाए
कौन इनको फिर से संभालेगा
कौन इनको टूटने से बचाएगा

.

कोरोना से बचते बचते लाखो खर्च किए
अपने जेवरात घर तक बेच दिये
लाखो रूपये अब कान्हा से लाएँगे

जब जीवन ही डूब रहा है तो कैसे संभालेंगे

.

कोरोना एक बुरा सपना जैसे
याद करके दिल दराने जैसे
विनाश का आँधी कोरोना लाया
अपने जपेटा मे किटनोनों को खीच लिया

72. सृष्टि सबसे बलवान

सृष्टि सबसे बलवान

.

एक चीज तो और सिद्ध होगया
सृष्टि के आगे कुछ नाही चलता
भले ही कोई बड़ा आदमी हो
सृष्टि के सामने सब एक समान है

.

भोकम्प मे,सुनामी मे कौन क्या करा सकता है
हाथ जोड़के भगवान से प्रार्थना कर सकता है
कुछ अपने मेहनत से सफलता मिलेगा
ये भी सृष्टि का ही सोच होगा

.

इस विशाल सृष्टि के सामने अपना कुछ नही
जो वो चाहेगा हमेशा होगा ओहि
बरसों से खड़ा किया इस समाज को
दो पल मे नामो निशान मिटासकेगा यह सृष्टि

.

इससे भी भयानक दुरान्त भविष्य मे होगा
हर बार ताकत से अपने को लड़ने होगा
जीतने मजबूत हम बनपाएंगे
उससे भी बड़े दुरान्त आगे भी आएंगे

.

हर मानव को बदलना उसका उद्देश होगा
जिसमे सृष्टि का कुछ संदेश भी होगा
जो कोरोना के माध्यम से सबको मिला है
जीवन पद्धति मे कुछ सुधार लाया है

73. समाज मे बदलाव

समाज मे बदलाव

सृष्टि मे बदलाव ऐसे ही होते
अपने हिसाब से कोई बदलाव नाही लाते
जरूरत पड़े तो सबकी आंखे खुल जाएँगे
समाज मे प्रगति के लिए सुधार लाएँगे

सृष्टि के कुछ महान लोग भी है
जो भगवान के अवतार जैसे ही है
बदलाव तो समाज मे उनसे भी हुये
नए समाज की लहरे फैल भी गए

बदलाव के सुनामी जरूर आते रहेंगे
समाज के मौलोन को भी हिलाकर देंगे
लोग बदलने पर मजबूर होंगे
नए तरीके से जीइना सीख भी लेंगे

कोरोना ने कुछ तो सिखाकर गया है
समाज मे बदलाव को आने को कहा है
हम फिर भी अगर नकारते रहेंगे
कोरोना से भी भयानक रूप भविष्य मे देखेंगे

जिसको देखा है अनुभव किया है
जिसके वजह से रातों की नींद खोया है
कुछ तो बदलने को मन परिवर्तन लाएगा
अपने समझदारी को उजागर करेगा

74. कोरोना को स्वीकारना

कोरोना को स्वीकारना

.

दो साल मे कोरोना के साथ जीना सीख लिए था
मुह पर मास्क हमेशा लगाए थे
मुश्किल तो था पर करना ही पड़ा
जब जानपर आगया तो मानना ही पड़ा

.

स्कूल के बगैर भी बचे सीख रहे थे
घर बैठे ही अपने पढ़ाई कर रहे थे
यह बदलाव को हमने माना भी था
सृष्टि के साथ जीना सीख लिए थे

.

दो दो महीने घर मे बंद थे
नरक के समान जीवन जी रहे थे
कई बीमार हुये पर रुका नाही
लाकदौन का सिलसिला चलता हे रहा

.

चलना जीवन है रुकना मौत
हिम्मत ताकत है डरना मरना है
यही हम सबको बचाके रखा
दो साल का स्थगित जीवन चला के रखा

.

जीवन रुका था फिर भी मस्त थे
अपने परिवार के साथ घर मे स्वस्थ थे
ऐसे और भए कोरोना आए तो क्या
जब हमे स्वीकारने को आगया तो दर है क्या

अध्याय75

कितना झेलना पड़ा

हमने जीवन मे पहली बार ऐसे सुनामी देखे
जीवन मे असुविधाए पहली बार महसूस किए
सूखा से समरूदधा था सबका जीवन
अचानक से दुःख मे ग्रसित हौवा जनजीवन

अमीरों के बाते इधर कौन करता है
जिसमे बल है उनको कोई आपात ही नाही है
जो कमजोर थे वो ही फसगाए कोरोना मे
जो गरीब थे वोही रोते रहे पीड़ा मे

अशक्त को सृष्टि भी मदद नही करता
बीमार को कोरोना से नही बचा सकता
सृष्टि के यह विकृत रूप जरूर लगता है
पर यही नियम सृष्टि ने अपनाया है

कितने रोये कोई आसू पोचने वाला नाही
कितने मारे पर अतिम संस्कार करनेवाले नाही
हर दिन नरका सदृश जीवन था
हर पल वेदना से भारी भी हुयी थी

जीवन शैली बादल गई लोग घर मे बैठे
खुली सास की बहार सब भूल चुके
अपनानों से सब दूर होते गए
बंद घर मे बुरे सपने सहते रहे

76. कोरोना ने सिखा दिया

कोरोना ने सिखा दिया

.

सबको सशक्त होना इसलिए भी जरूरी
साधरूद सबल होना भी बहुत जरूरी
वही सृष्टि के बदलाव को सह पाएगा
हर एक बीमारी से भी बच जाएगा

.

कोरोना आने से करो ना बोल लिए
घर मे ही पड़े रहो ना बोल लिए
सेवा मे परिवार के रहो ना बोल लिए
फालतू घूमना छोड़ो ना बोल लिए

.

अपने मुह अब किसको है दिखाना
अपने मुख के भाव छुपाके रखना
यही तो कोरोना ने सिखाया सबको
दूरियाँ बरतने को कहा है सबको

.

अपनों के साथ समय बिताने को सीख लिए
उनके हंसी मे खुशी ढूँढने को हमने सीख लिए
सुख की तलाश मे दल दल भटकते थे
घर के बंद दीवारों के बीच अब सुख से रहते थे

.

जब अपने सामने लोग मरते देखे
जीवन की अहमियत को सीखे
जब लोगों के साँसे फूल रहे थे
स्वस्थ रहने की ध्रुद निश्चय भी कर लिए थे

77. छुपी चेहरा

छुपी चेहरा

.

असल चेहरा तो कितनों का दिखाता ही नाही है
समय आनेपर ही जरूर पता चल जाता है
कोरोना के पहले भी ऐसे चेहरे थे
समाज मे वैसे भी पहले से थे

.

मास्क तो लगाना था कोरोना से बचाने के लिए
अब धैर्य का मास्क भी जरूरी दूषों से लड़ने के लिए
हसने की मास्क भी जरूरी दुहखा को छुपने के लिए
प्यार का मास्क जरूऋ सब के साथ जीने के लिए

.

मन मे कुछ भी हो मुह पर नाही लाना है
भले ही दुहखा हो प्रसन्नता चेहरे पे लाना है
अपनों को सिर्फ सूखा ही बांटना है
दुहखा दर्द को दिल मे छुपना है

.

ऐसे और भी मास्क समाज मे है
जिससे दिखाता कुछ और सच्चाई कुछ और है
ऐसे लोगों से दूर ही रहने
नाही तो जीवन भर पछताना है

.

सभाता की मास्क मे छुपता क्रूरता
सुशीलता की मास्क मे छुपता दुशता
लोग ऐसे ही समाज भी ऐसे ही
नाटकीय समाज मे असलियत कुछ और ही

78. काश कोरोना पहले से ही होता

काश कोरोना पहले से ही होता
.

काश अपने बचपन के समय भी कोरोना होता
एक दो साल स्कूल से छुट्टी हो जाती
अपने बचपन खूब सजा लेते
हर पल मस्ती मे डूबे रहते
.

काश अपने शादी के बाद कोरोना आता
हनीमून के खर्चा भी बच जाता
घर मे हर एक पल रंगीन होता
कनही बाहर जाने की जरूरी भी नाही पड़ता
.

काश अपने पेंशन के पहले ही कोरोना आता
घर बैठे आराम से तनखा भी पाते
दो तीन महीने काम से छुट्टी होता
आफ़ीस मे बॉस का दांत खाने नहे पड़ता
.

काश यह कोरोना कभी खतम नाही होता
मई चोर हूँ करके किसीको पता नाही चलता
मास्क मे सब मुह जब ढके हुये हैं

मई चोर हूँ करके कैसे पहचानते पाते हैं

.

काश यह कोरोना पहले से ही आजाता
जिससे कुछ समय लाकदौन लग जाता
पतिघार मे रहते मेरा सेवा कारता
सुबह शाम मेरे नाम ही उनके मुह पर होता

79. कोरोना से लड़ते जिसने जीता

कोरोना से लड़ते जिसने जीता

.

आखिर वह दिन आगया
कोरोना विश्व से दूर होगया
पहली दूसरी और तीसरी लहरे बनके आए
सबको बार बार तंग किया

.

कोरोना भी हारा चला भी गया
पर इससे हमने क्या सच मे जीता पाये
सामाजिक मौलयों मे कुछ बदलाव चाहिए
जिसे कोरोना के समय हमने देख लिए

.

महिला के अधिकार की जीत
जो घर मे बंद थे उनका जीत
पुरुष भी घर मे काम करने लागे
बच्चों को वो भी संभालने लगे

.

शराब से मुक्त समाज का जीत
कुछ समय के लिए ही सही पर जीता
लोग शराब से दूर रहे लाकदौन मे

कयियों के घर फिर से संभाल गए कोरोना मे

.

बच्चों के स्वतन्त्रता की जीत
उनके खेलकूद का उम्र का जीत
लोग समझ पाये केवल किताब ही जीवन नाही
भविष्य बनाने के लिए पढ़ते रहना ही नाही

80. धरती मुस्कुराएगी आखिर

धरती मुस्कुराएगी आखिर

.

कितने समय सुनामी रहेगी
एक न एक दिन शांत होजाएगी
वाही होगा कोरोना के साथ भी
सब वॉर मुस्कुराहट फिर लौट आयेगी

.

सताया लोगों को कितने समय से
बेचैन किया सबकी हर सुख चैन से
लोग घरों मे बंद होगाए थे
जीवन मानो की रुक गया था

.

कोरोना की क्रूरता सही सबने
अपनों की खोने का गम सहे सबने
कितने क्रोरता थी उनकी राज मे
हर एक के दिल बहगाए आसूवोन मे

.

आखिर वो दिन जरूर आयेगा
कोरोना को मजबूरन जाना होगा
धरती पर खिल उठेंगे लोग फिर से

हर तरफ मुस्कुराहट दिखाना शुरू होजाएगा फिर से

खिलते हुये धरती अच्छा लगेगा
हसते चेहरों से रोनाक बढ़ जाएगा
जिस सुनामी के कारण लोग परेशान थे पहले
अब सब एक दूसरे के लग जाएँगे गले